全国交通运输职业教育教学指导委员会规划教材
教育部中等职业教育汽车专业技能课教材

Qiche　　Cailiao

汽车材料

全国交通运输职业教育教学指导委员会
中国汽车维修行业协会　　组织编写

陈　虹　主　编

人民交通出版社股份有限公司
China Communications Press Co.,Ltd.

内 容 提 要

本书为全国交通运输职业教育教学指导委员会规划教材。全书分上、下两篇，共六个单元。上篇为汽车金属材料，主要内容为：金属材料的性能、钢铁材料和有色金属材料。下篇为汽车非金属材料，主要内容为：汽车常见易损非金属材料、汽车涂装材料和汽车运行材料。

本书主要作为中等职业教育汽车车身修复专业教材使用，也可作为其他汽车类专业的教学参考资料。

图书在版编目(CIP)数据

汽车材料／陈虹主编．—北京：人民交通出版社股份有限公司，2017.3

全国交通运输职业教育教学指导委员会规划教材．教育部中等职业教育汽车专业技能课教材

ISBN 978-7-114-12190-6

Ⅰ．①汽… Ⅱ．①陈… Ⅲ．①汽车—工程材料—中等专业学校—教材 Ⅳ．①U465

中国版本图书馆 CIP 数据核字(2015)第 078740 号

书　　名：	汽车材料
著 作 者：	陈　虹
责任编辑：	翁志新
出版发行：	人民交通出版社股份有限公司
地　　址：	(100011)北京市朝阳区安定门外外馆斜街 3 号
网　　址：	http://www.ccpcl.com.cn
销售电话：	(010)59757973
总 经 销：	人民交通出版社股份有限公司发行部
经　　销：	各地新华书店
印　　刷：	北京市密东印刷有限公司
开　　本：	787×1092　1/16
印　　张：	12.25
字　　数：	280 千
版　　次：	2017 年 3 月　第 1 版
印　　次：	2021 年 9 月　第 4 次印刷
书　　号：	ISBN 978-7-114-12190-6
定　　价：	29.00 元

(有印刷、装订质量问题的图书由本公司负责调换)

编审委员会

主　　任：王怡民（浙江交通职业技术学院）

副 主 任：刘建平（广州市交通运输职业学校）　　杨经元（云南交通技师学院）
　　　　　赵　琳（北京交通运输职业学院）　　　张京伟（中国汽车维修行业协会）
　　　　　陈文华（浙江交通职业技术学院）　　　王凯明（中国汽车维修行业协会）

特邀专家：朱　军（中国汽车维修行业协会）　　　魏俊强（北京祥龙博瑞汽车服务有限公司）
　　　　　张小鹏（庞贝捷漆油（上海）有限公司）　刘　亮（麦特汽车服务股份有限公司）

委　　员：（按姓氏笔画排序）
　　　　　毛叔平（上海市南湖职业学校）　　　　王　健（贵阳市交通技工学校）
　　　　　王彦峰（北京交通运输职业学院）　　　王　强（贵州交通职业技术学院）
　　　　　占百春（苏州建设交通高等职业技术学校）刘新江（四川交通运输职业学校）
　　　　　刘宣传（广州市公用事业技师学院）　　齐忠志（广州市交通运输职业学校）
　　　　　吕　琪（成都工业职业技术学院）　　　李　青（四川交通运输职业学校）
　　　　　李雪婷（成都汽车职业技术学校）　　　李春生（广西交通技师学院）
　　　　　李文慧（新疆交通职业技术学院）　　　李　晶（武汉市东西湖职业技术学校）
　　　　　陈　虹（浙江交通技师学院）　　　　　陈文均（贵州交通技师学院）
　　　　　陈社会（无锡汽车工程中等专业学校）　张　炜（青岛交通职业学校）
　　　　　杨永先（广东省交通运输高级技工学校）杨承明（杭州技师学院）
　　　　　杨建良（苏州建设交通高等职业技术学校）杨二杰（四川交通运输职业学校）
　　　　　陆松波（慈溪市锦堂高级职业中学）　　何向东（广东省清远市职业技术学校）
　　　　　邵伟军（杭州技师学院）　　　　　　　周志伟（深圳市宝安职业技术学校）
　　　　　林育彬（宁波市鄞州职业高级中学）　　易建红（武汉市交通学校）
　　　　　林治平（厦门工商旅游学校）　　　　　胡建富（浙江交通技师学院）
　　　　　赵俊山（济南第九职业中等专业学校）　赵　颖（北京交通运输职业学院）
　　　　　荆叶平（上海市交通学校）　　　　　　郭碧宝（广州市交通技师学院）
　　　　　姚秀驰（贵阳市交通技工学校）　　　　崔　丽（北京市丰台区职业教育中心学校）
　　　　　曾　丹（佛山市顺德区中等专业学校）　蒋红梅（重庆市立信职业教育中心）
　　　　　喻　媛（柳州市交通学校）

秘 书 组：李　斌　翁志新　戴慧莉　刘　洋（人民交通出版社股份有限公司）

前言 Preface

为深入贯彻落实全国职业教育工作会议精神和《国务院关于加快发展现代职业教育的决定》，促进职业教育专业教学科学化、标准化、规范化，教育部组织制定了《中等职业学校专业教学标准（试行）》。全国交通运输职业教育教学指导委员会具体承担了汽车运用与维修（专业代码082500）、汽车车身修复（专业代码082600）、汽车美容与装潢（专业代码082700）、汽车整车与配件营销（专业代码082800）4个汽车类专业教学标准的制定工作。

根据教育部《关于中等职业教育专业技能课教材选题立项的函》（教职成司函[2012]95号）文件精神，人民交通出版社申报的上述4个汽车类专业技能课教材选题成功立项。

2014年10月，人民交通出版社联合全国交通运输职业教育教学指导委员会、中国汽车维修行业协会在北京召开了"教育部中等职业教育汽车专业技能课教材编写会"，并成立了由全国交通运输职业教育教学指导委员会领导、中国汽车维修行业协会领导、知名汽车维修专家及院校教师组成的教材编审委员会。会上，确定了4个汽车类专业34本教材的编写团队及编写大纲，正式启动了教材编写。

教材的组织编写，是以教育部组织制定的4个汽车类专业教学标准为基本依据进行的。教材从编写到成稿形成以下特色：

1. "五位一体"的编审团队。从组织编写之初，就本着"高起点、高标准、高要求"的原则，成立了由国内一流的院校、一流的教师、一流的专家、一流的企业、一流的出版社组成的五位一体的编审团队。

2. 精品化的内容。编审团队认真总结了中职院校的优秀教学成果，结合了企业的职业岗位需求，吸收了发达国家的先进职教理念。教材文字精练、插图丰富，尤其是实操性的内容，配了大量实景照片。

3. 理实一体的编写模式。教材理论内容浅显易懂，实操内容贴合生产一线，将知识传授、技能训练融为一体，体现"做中学、学中做"的职教思想。

4.覆盖全国的广泛适用性。本套教材充分考虑了全国各地院校的分布和实际情况,涉及的车型和设备具有代表性和普适性,能满足全国绝大多数中职院校的实际需求。

5.完善的配套。本套教材包含"思考与练习"、"技能考核标准",并配有电子课件和微视频,以达到巩固知识、强化技能、易教易学的目的。

《汽车材料》是本套教材中的一本。教材在编写中充分体现中等职业教育的特点,文字简洁,图文并茂,每个单元都安排有技能训练项目,有利于激发学生学习的积极性,提高学习效果。

本书的编写分工为:浙江交通技师学院宗冬芳编写了单元一、单元二;浙江交通技师学院陈绍峰编写了单元三;浙江交通技师学院陈虹编写了单元四、单元五;浙江交通技师学院李卫平编写了单元六。全书由陈虹担任主编。本书在编写过程中,得到了企业专家和兄弟院校老师的支持,在此表示感谢。

限于编者水平,又是完全按照新的教学标准编写,书中难免有不当之处,敬请广大院校师生提出意见和建议,以便再版时完善。

编审委员会
2016年3月

目录 Contents

上篇　汽车金属材料

单元一　金属材料的性能 ... 3
- 课题一　金属材料的力学性能 ... 4
- 课题二　金属材料的其他性能 ... 16
- 单元小结 ... 25
- 技能训练 ... 26
- 思考与练习 ... 27

单元二　钢铁材料 ... 29
- 课题一　碳素钢 ... 29
- 课题二　合金钢 ... 51
- 课题三　铸铁 ... 62
- 单元小结 ... 69
- 技能训练 ... 70
- 思考与练习 ... 72

单元三　有色金属材料 ... 77
- 课题一　铝及铝合金 ... 77
- 课题二　铜及铜合金 ... 83
- 课题三　镁及镁合金 ... 87
- 课题四　其他有色金属材料 ... 91
- 单元小结 ... 94
- 技能训练 ... 94
- 思考与练习 ... 95

下篇　汽车非金属材料

单元四　汽车常见易损非金属材料 ... 99
- 课题一　橡胶 ... 99
- 课题二　塑料 ... 107
- 课题三　玻璃、陶瓷 ... 114
- 课题四　胶粘剂 ... 119

单元小结…………………………………………………………………… 122
　　技能训练…………………………………………………………………… 123
　　思考与练习………………………………………………………………… 124
单元五　汽车涂装材料………………………………………………………… 126
　　课题一　汽车涂料………………………………………………………… 126
　　课题二　水性漆…………………………………………………………… 136
　　单元小结…………………………………………………………………… 138
　　技能训练…………………………………………………………………… 138
　　思考与练习………………………………………………………………… 139
单元六　汽车运行材料………………………………………………………… 141
　　课题一　汽车燃料………………………………………………………… 141
　　课题二　汽车润滑材料…………………………………………………… 153
　　课题三　汽车工作液……………………………………………………… 168
　　单元小结…………………………………………………………………… 176
　　技能训练…………………………………………………………………… 176
　　思考与练习………………………………………………………………… 177
附录　思考与练习参考答案…………………………………………………… 179
参考文献………………………………………………………………………… 185

上 篇
汽车金属材料

单元一　金属材料的性能

 学习目标

1. 了解金属材料的性能和分类方法；
2. 掌握金属材料的力学性能的概念、物理意义及失效形式，培养思考习惯；
3. 掌握金属材料的物理性能的概念，了解汽车材料对物理性能的要求；
4. 掌握金属材料的化学性能的概念，通过汽车材料对化学性能要求，了解金属的防腐措施；
5. 通过金属材料性能指标的实验过程，学会简单分析试验原理，具有动手实践能力。

 建议课时

18课时。

　　按国家编制的零配件目录编号计算，一辆普通轿车由70多个总成部件构成，其中主要总成部件如图1-1所示。每一个总成部件，少则由几十个零件组成（如一根最普通的筒式减振器），多则由成百上千的零件组成（如发动机），如果加上螺栓、螺母和垫片等标准件，一辆普通轿车大概由两万个零件组成。

　　金属材料是制造汽车零件的主要原料，据粗略统计，生产一辆汽车的原材料中，金属材料所占比例为86%~88%。

　　金属材料的性能好坏直接关系到汽车的制造、维修、使用寿命和加工成本。金属材料在使用和在加工过程中分别表现出多种性能：

汽车材料

金属材料的性能
- 使用性能
  - 力学性能
  - 物理性能
  - 化学性能
- 工艺性能
  - 铸造性能
  - 锻造性能
  - 焊接性能
  - 热处理性能
  - 切削加工性能

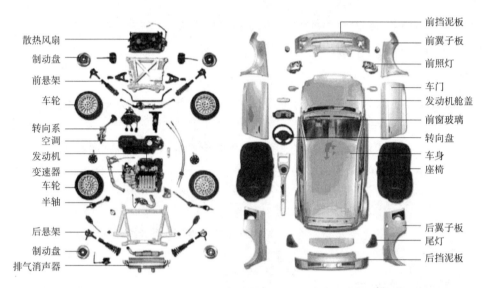

图1-1　汽车总成拆分平面图

课题一　金属材料的力学性能

金属材料在受到外载荷作用下所表现出来的性能,称为金属材料的力学性能。金属材料在加工和使用过程中所受的外力,称为载荷。根据作用性质,载荷可分为:

载荷
- 静载荷:指大小不随时间变化或变动很慢的载荷。如桌上粉笔盒的受力。
- 冲击载荷:指随时间突然增加的载荷。如敲击时的载荷。
- 交变载荷:指大小、方向随时间发生周期性变化的载荷。如齿轮啮合时的受力。

根据载荷作用形式,载荷可以分为拉伸和压缩载荷、弯曲载荷、剪切载荷和扭曲载荷等,如图1-2所示。

当载荷达到或超过某一极限值后,材料就会发生变形甚至破坏。不同的载荷作用性质及作用形式引起的变形不同,材料所表现出的性能也不同。金属材料的力学性能主要包括强度、塑性、硬度、冲击韧度和疲劳等。

单元一　金属材料的性能

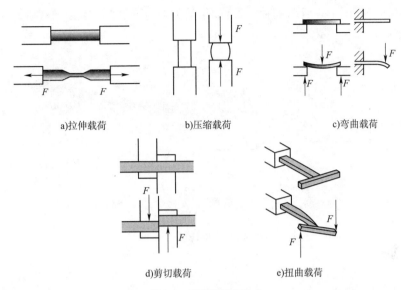

a)拉伸载荷　　　b)压缩载荷　　　c)弯曲载荷

d)剪切载荷　　　e)扭曲载荷

图1-2　载荷作用的形式

一　强度

强度是指材料在外力作用下抵抗变形和损坏的能力。根据所加载荷的形式,可分为抗拉强度、抗压强度、抗弯强度和抗剪强度。抗压强度、抗弯强度和抗剪强度可以通过抗拉强度进行测算,因而工程上测量金属材料强度指标通常采用最简单的拉伸试验。拉伸试验在拉伸试验机上进行,如图1-3所示。

在拉伸试验中,先将被测金属材料制成标准试样,如图1-4所示。当 $L_0 = 10d_0$ 时,称为长试样;当 $L_0 = 5d_0$ 时,称为短试样。将试样装夹在拉伸试验机上缓慢加载拉伸,使试样产生轴向弹性变形,再过渡到塑性变形直至试样断裂。

如图1-5a)所示为低碳钢拉伸时载荷大小与变形量之间的关系图。通常用拉伸试验曲线图来表示受力程度和变形程度之间的关系,图1-5b)为拉伸应力和应变图,纵坐标表示单位面积上所受的拉力(称为拉应力,符号为 σ,表示受力程度),横坐标表示单位长度上的变形量(称为应变量,符号为 ε,表示变形程度)。

图1-3　万能拉伸试验机

由图1-5可知,低碳钢的拉伸过程有4个明显的变形阶段:弹性变形阶段、屈服阶段、强化阶段和颈缩及断裂阶段。

1 弹性阶段(Oe 阶段)

在负荷很小的时候增加载荷,变形与负荷成正比,此时若卸去载荷,试样将恢复至原来的尺寸,这个过程称为弹性变形阶段,如图1-5中的 Oe 阶段,对应的最大应力称为弹性极限 σ_e。弹性材料在使用过程中,其工作应力不允许大于其弹性极限,否则将导致零件的失效和损坏。如图1-6所示的弹簧秤，如果受力超过弹簧的弹性极限，则弹簧秤被拉长后不能恢复原长即为失效。

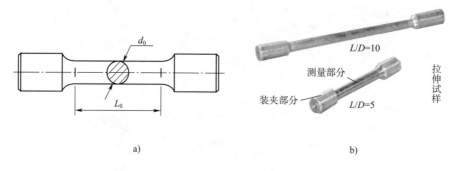

图1-4　拉伸试验标准试样

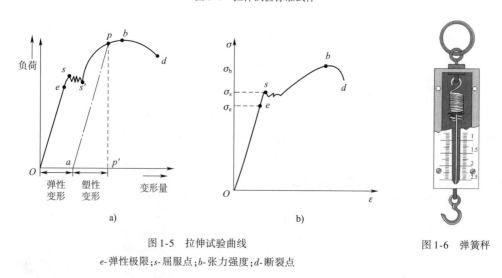

图1-5　拉伸试验曲线

e-弹性极限；s-屈服点；b-张力强度；d-断裂点

图1-6　弹簧秤

② 屈服阶段（ss'阶段）

当负荷超过极限 e 点时，载荷不再增加，但是试样仍会发生明显的塑性变形，这种现象称为屈服，此时试样不仅有弹性变形，还发生了塑性变形。如图1-5中的 ss'，称为屈服阶段，屈服极限 σ_s 对应的点称为屈服点。螺栓被拧过了屈服点即被破坏失效。如图1-7b)所示。

③ 强化阶段（$s'b$ 阶段）

过了 s' 后要使试件继续变形，就必须增加载荷，材料进入强化阶段，直到载荷达到最大值（如1-5图 b 点），所对应的应力值 σ_b 称为强度极限，强度极限为试件在拉伸条件下所能承受的最大应力值。

④ 颈缩及断裂阶段（bd 阶段）

当载荷达到最大值后，试件的变形开始集中在最弱横截面附近的局部区域，使该区域的横截面积急剧缩小，出现颈缩现象（图1-8），试件直径变细，横截面积缩小，其抵抗外载荷的能力下降，此时不再增加外载荷，试样却被拉断了。

材料不能在承受超过其强度极限的外载荷条件下工作,否则会导致零件损坏,当然材料也不能在承受超过其屈服强度的外载荷条件下工作,因为这会引起金属结构和零件的变形。

a)正常螺栓

b)拧过了屈服点的螺栓

a)　b)　c)

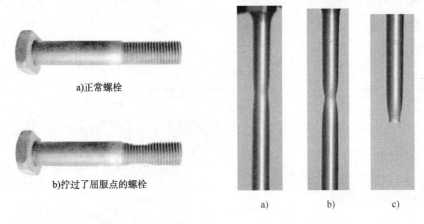

图 1-7　螺栓

图 1-8　低碳钢的颈缩及断裂过程

二 塑性

以弯曲一块钢板为例,如图 1-9 所示,用手稍微弯曲钢板,然后放开,钢板会回弹恢复到原来的形状,这种在除去载荷后能自动消失的变形,称为弹性变形,而钢板恢复原状的特性称为弹性。

a)弹性变形　b)塑性变形

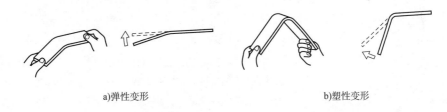

图 1-9　钢板弹性和塑性变形

若在钢板上施加较大力量使钢板弯曲,然后放开,则钢板会稍微回弹,但受到弯曲的部位,则会出现无法恢复原状的永久变形,这种在除去载荷后不能消失的变形,称为塑性变形。钢板产生塑性变形而不被破坏的能力,称为塑性。具有良好塑性的材料,有利于进行加工,如汽车驾驶室外壳、油箱等零部件的加工成形,因变形量很大,必须选用具有塑性较好的金属材料经冷冲压加工成形。当零件偶然过载,由于塑性好的材料能发生一定的塑性变形可以避免零件突然破坏失效。

金属材料在受到拉伸时,长度和横截面积都会发生变化,因此,金属的塑性可以用拉伸时的延伸率和断面收缩率两个指标来衡量,与强度指标一样在拉伸试验中测定。

低碳钢拉伸实验:

1 实验目的

在电子万能拉力机拉力作用下,观察试样的变形直至断裂的过程,理解材料的弹性极限、屈服极限、抗拉极限、塑性的指标延伸率和断面收缩率。

❷ 实验仪器设备与材料

万能材料试验机(图1-3),单向引伸计,钢板尺,游标卡尺,拉伸试样等。

❸ 拉伸实验

步骤见表1-1。

拉伸实验步骤　　　　　　　　　　　　表1-1

序号	操作步骤	图示及说明
1	启动试验机,打开实验操作界面,进入软件操作系统	 数据采集系统
2	测量试样的直径和标距尺寸并记录	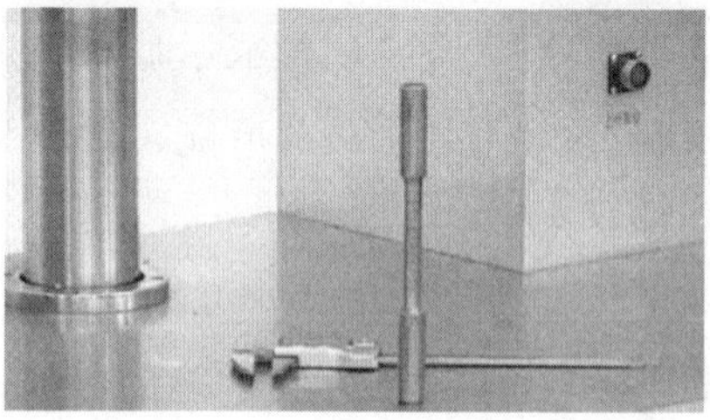 用游标卡尺测量直径时,取试件标距范围内三个横截面,分别取相互垂直的方向各测量一次,取六次测量的平均值为原始直径 d_0,并计算试件的横截面积 A_0。测量标距时,要用游标卡尺测量三次,并取三次测量结果的平均值作为试件的原始标距长度 L_0
3	装夹拉伸试样	
4	在实验操作界面进行数据清零	载荷、变形、位移、时间等
5	装夹引伸计,并正确连接到计算机端口	选择加载速度,一般为0.5mm/min

续上表

序号	操作步骤	图示及说明	
6	新建试样,输入试件的有关信息	直径、标距等	
7	再次将各项数据清零,加载,开始实验		
8	注意观察屈服、强化、卸载规律、颈缩、断裂等现象	比例阶段拉伸曲线	
		屈服阶段拉伸曲线	
		强化阶段拉伸曲线	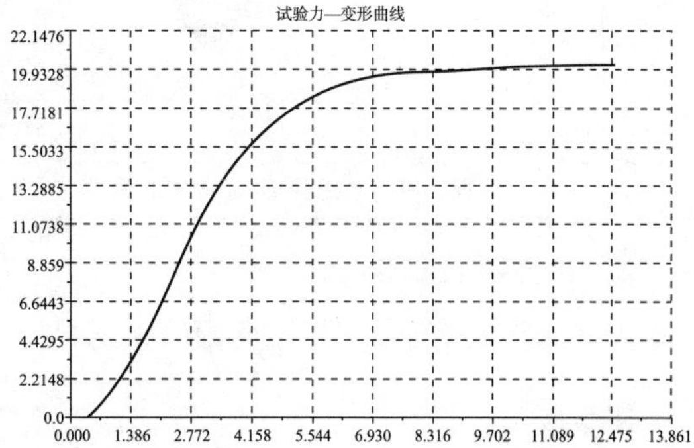

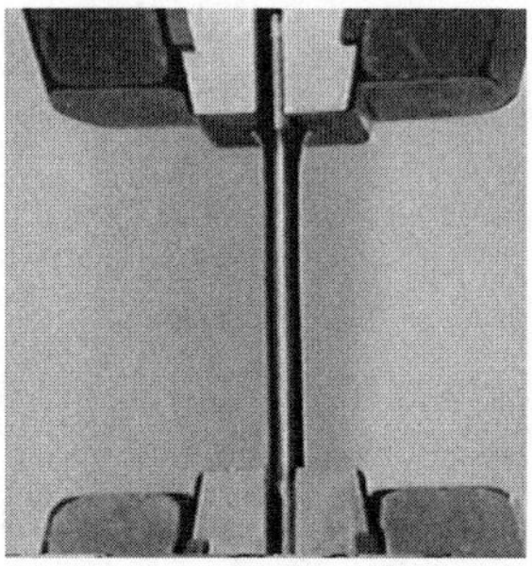

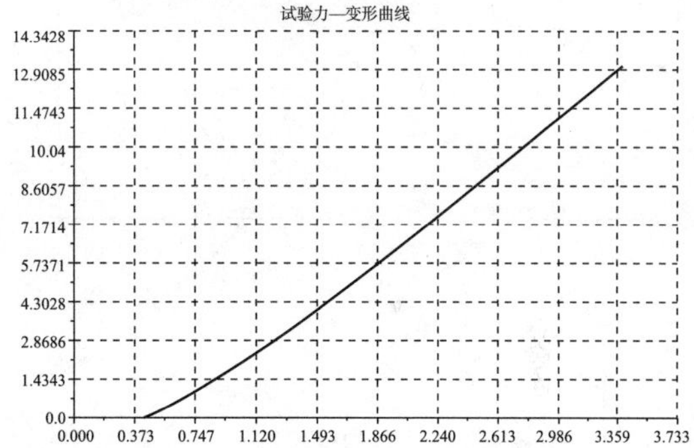

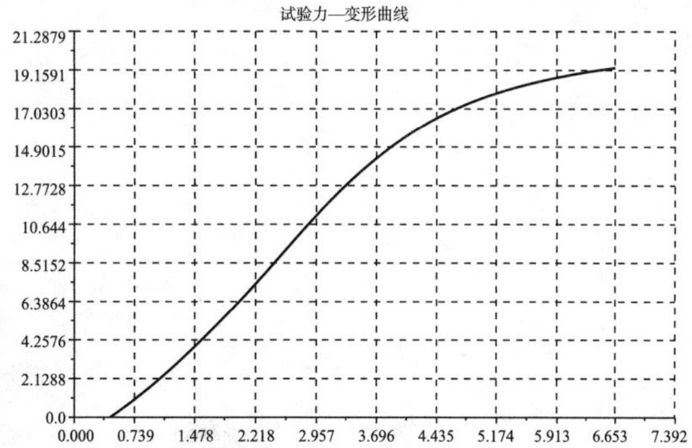

续上表

序号	操作步骤	图示及说明	
8	注意观察屈服、强化,卸载规律、颈缩、断裂等现象	颈缩现象	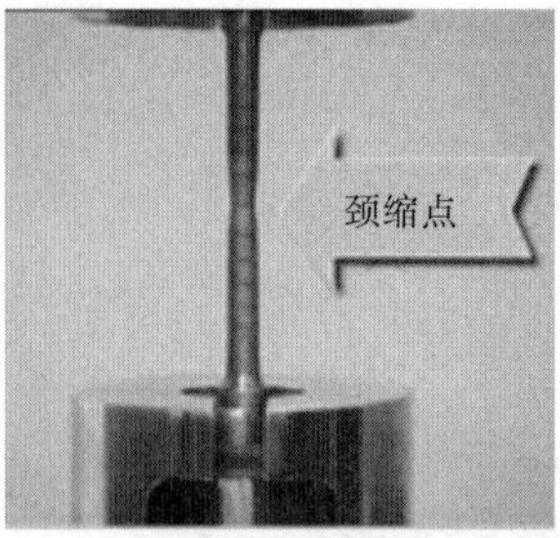 (颈缩点)
		断裂	
9	观察断口形式(呈杯锥形)	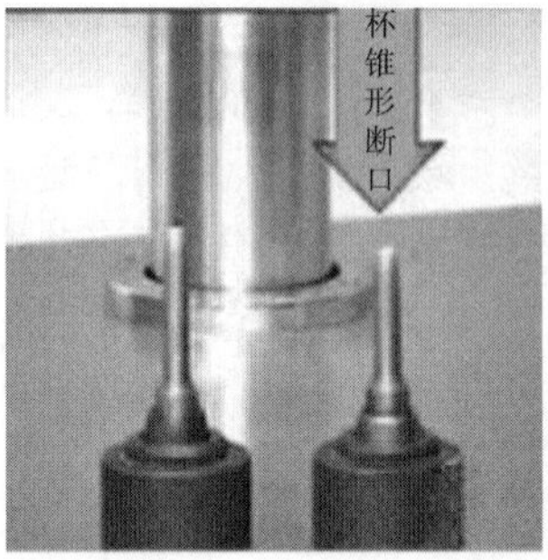	杯锥形断口
10	停止实验,对接好断裂后的工件,测量尺寸(直径和标距,取平均值)	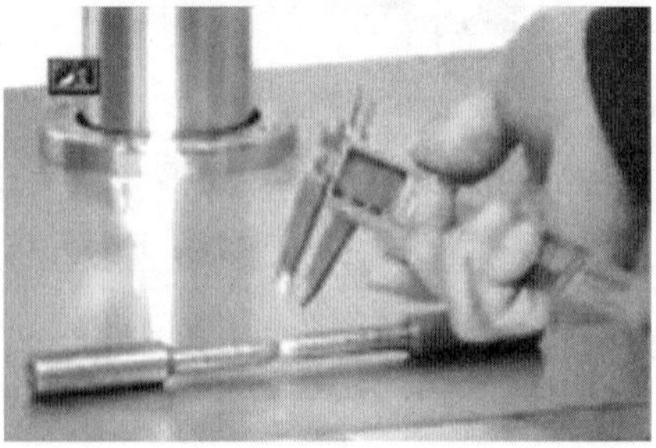	
11	保存数据并进行数据处理,完成实验报告		

4 拉伸实验数据

依据测得的实验数据,计算低碳钢材料的强度指标和塑性指标。

屈服极限: $$\sigma_s = \frac{F_s}{A_0}(\text{MPa})$$

强度极限: $$\sigma_b = \frac{F_b}{A_0}(\text{MPa})$$

式中：F_s——产生屈服现象时的载荷，N；

F_b——试样拉断前所承受的最大载荷，N；

A_0——试样原始截面积，mm²。

延伸率 δ：试样拉断后标距的伸长量与原始标距的百分比，称为延伸率，用符号 δ 表示。

$$\delta = \frac{L_1 - L_0}{L_0} \times 100\%$$

式中：L_1——试样被拉断时的长度，mm；

L_0——试样的原始长度，mm。

断面收缩率 Ψ：试样拉断后断口处横截面积的最大缩减量与原始横截面积的百分比，称为断面收缩率，用符号 Ψ 表示。

$$\Psi = \frac{A_0 - A_1}{A_0} \times 100\%$$

式中：A_1——试样断裂处的截面积，mm²。

由实验可知，同一种金属材料，不同规格（标距长度、横截面形状及面积大小）的拉伸试样测得的延伸率不同，而断面收缩率不受试样规格的影响，能可靠地反映材料的塑性。

延伸率 δ 和断面收缩率 Ψ 越大，表明材料的塑性越好。塑性好的材料如铝、铜、低碳钢等，容易进行压力加工，可以拉成细丝、轧成薄板，如电线里的铜丝、汽车钢板等都是由塑性较好的材料加工而成的。而塑性差的材料如铸铁等，只能用铸造方法成型。

三 硬度

硬度是指金属材料抵抗比它更硬的物体压入其表面的能力，是衡量材料软硬程度的指标。

材料的硬度越高，其耐磨性能越好。

硬度试验方法很多，应用最广泛的是布氏硬度、洛氏硬度试验方法。

1 布氏硬度

图1-10为布氏硬度测试原理示意图。用布氏硬度测量仪（图1-11）将直径为 D 的淬硬圆钢球（图1-12）以规定的载荷 F 压入被测材料表面，保持一定时间后卸去载荷，测量被测材料的表面压痕直径 d（不平方向测量取平均值）和压痕的球面积 A，试样的单位表面积所承受的载荷 F/A 即表示该试样的布氏硬度。

在实际应用中，根据压痕直径的大小直接查布氏硬度表而无须计算即可得出硬度值。布氏硬度 HB 一般不写单位。布氏硬度标注如下：

200HBS10/1000/30，表示钢球直径为10mm，施加的载荷为1000kgf（即9800N），保持时间为30s，测得的布氏硬度为200。

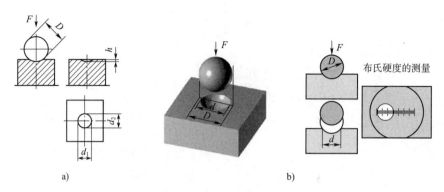

图 1-10 布氏硬度测试原理示意图

图 1-11 布氏硬度测量仪　　　　图 1-12 布氏硬度计压头

进行布氏硬度试验操作时应注意把被测材料打磨光洁，根据被测材料的材质、厚度等选择压头直径、施加载荷的大小和施载的时间，施加载荷时操作需平稳垂直，测试薄型材料若出现变形则应重测。

布氏硬度所使用的压头是淬火钢球。因此只适用硬度较低，尺寸较大的金属材料。当被测材料硬度较高时，压头本身会发生变形而失去测量数据的可靠性。而且布氏硬度试验压痕面积较大，容易损伤零件表面，因此只宜测试原材料及半成品，不适于检测成品件。

❷ 洛氏硬度

（1）洛氏硬度测量过程。

洛氏硬度由洛氏硬度测量仪（图 1-13）测定。洛氏硬度试验和布氏硬度试验相同，也是采用压入法测定硬度。两者的区别是压头形状不同。洛氏硬度测量过程如图 1-14 所示。

（2）洛氏硬度测量原理。

图 1-13 洛氏硬度测量仪　　　用锥角为 120°的圆锥体金刚石或直径为 1.588mm 的淬火钢

球作压头,先加初始试验力 F_0,压入金属表面,深度为 h_0,再加主试验力 F_1,在总试验力 $(F_0 + F_1)$ 作用下,压入深度为 h_1,保持一定时间后卸掉主试验力,保留初始试验力,此时由于金属的弹性变形消失而使压头略有回升,回升后的残余压痕深度为 $(h_2 - h_0)$ 如图 1-15 所示。

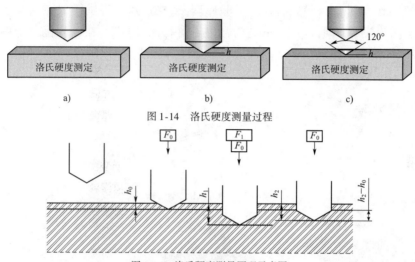

图 1-14 洛氏硬度测量过程

图 1-15 洛氏硬度测量原理示意图

残余压痕深度 $h = h_2 - h_0$ 值越大,洛氏硬度值越小,表示材料硬度越低。洛氏硬度测量仪自动测量压痕深度并以硬度值读数在表盘上显示,测试方便简捷。

洛氏硬度测试压痕很小,采用不同的压头和施加相应的载荷使洛氏硬度的测定范围扩大,可以测较软到较硬的材料,也可测厚薄不等的各类材料,但测得的数据不太稳定,需在不同部位测试取其平均值,以提高测试的准确性。

根据压头的种类和总载荷的大小不同,洛氏硬度的表示方式也不同,通常有 HRA、HRB、HRC 三种,如表 1-2 所示。

常用三种洛氏硬度测量条件及应用举例　　表 1-2

硬度符号	压 头 类 型	初始试验力	主试验力	硬度值有效范围	应 用 举 例
HRA	120°圆锥体金刚石	98.07	490.3	20~88	硬质合金、表面淬火钢、渗碳层等
HRB	Φ1.588mm 钢球	98.07	882.6	20~100	有色金属、退火、正火钢件等
HRC	120°圆锥体金刚石	98.07	1373	20~70	淬火钢、调质钢件等

四 冲击韧度

通过拉伸试验测得的强度、塑性以及通过硬度试验测得的硬度等金属材料的性能指标,都是金属材料在静载荷作用下表现出的抵抗力。但在实际生产中,许多机械零件在工作时承受的外载荷并非静载荷,而是突然施加的冲击载荷。如汽车发动机中的活塞、活塞销、连杆、曲轴等零件,在汽缸中是受气体燃烧膨胀时产生的力的作用,这种气体燃烧膨胀所产生的外载荷就是突然的冲击载荷。又如汽车起步、停车、加速、紧急制动时,汽车变速器中的齿轮、传动轴、后桥中的半轴、差速器齿轮等零件受到的外载荷均属于冲击载荷。

这些零件的性能不能仅以强度和硬度等静载荷作用下的指标来衡量，因为即便是采用强度较高的材料，在冲击载荷作用下也会发生断裂。所以这类零件材料的选用，还必须考虑其抵抗冲击载荷的能力即冲击韧性。

冲击韧性表示金属材料在冲击载荷作用下抵抗破坏的能力。常用摆锤一次冲击试验来测定。图 1-16 为冲击试验机和冲击试验原理图。试验时，将试样放在支座上，试样的缺口背向摆锤的冲击方向，让摆锤从高处自由下落将试样打断，在试验机上直接读数，得到冲击功，试样缺口处单位面积上的冲击功即为冲击韧性。

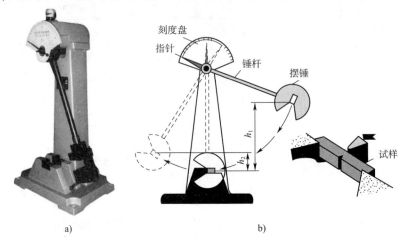

图 1-16　冲击试验机和冲击试验原理图

影响材料韧性的因素很多，如试样的形状、表面状态、内部组织、试验温度等。因此，冲击韧性一般只作为选用材料的参考，不直接用于强度设计计算。

实际上，许多零件在实际工作时往往是承受小能量多次冲击后导致材料内部产生微裂纹，经扩展后才断裂的，此时零件的冲击韧性实际上是材料强度和塑性的综合反映，材料的强度越高，塑性越好，其韧性也越好。

五　疲劳强度

许多汽车零件，如曲轴、齿轮等工作时承受的载荷无论大小、方向、速度都成周期性的变化，即受交变载荷作用（图 1-17）。在交变载荷作用下的零件发生破坏时的应力远远低于该材料的屈服强度极限。这种因零件受交变载荷长时间反复循环作用后突然发生的脆性断裂，称为金属材料的疲劳断裂。

疲劳断裂与在静载荷作用下的断裂不同，不管是脆性材料还是塑性材料，疲劳断裂都是突然发生的，事先均无明显的塑性变形预兆，很难事先察觉，属于低应力脆性断裂，因此具有很

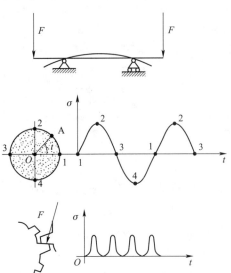

图 1-17　轴和齿轮所受的交变载荷

大的危险性。如汽车钢板弹簧或前轴发生疲劳而突然断裂。

产生疲劳断裂的原因,一般是在零件应力集中部位或材料本身强度较低的部位,如原有微裂纹、软点、脱碳、夹杂或刀痕等缺陷处形成裂纹核心,在交变应力的反复作用下产生疲劳裂纹,并随着应力循环次数的增加,疲劳裂纹不断扩展,使零件有效承载面积逐渐减小,最后减小到不能承受外加载荷时,零件即发生突然断裂。因此,零件的疲劳失效过程可分为疲劳裂纹产生、疲劳裂纹扩展和瞬时断裂三个阶段。图1-18为疲劳裂纹宏观断口及示意图。

a)宏观断口　　　　　b)示意图

图1-18　疲劳裂纹宏观断口及示意图

当外力作用于含有裂纹的材料时,根据应力作用方向与裂纹扩展面的方向,可将裂纹分为三种基本类型:张开型裂纹(Ⅰ型)、滑开型裂纹(Ⅱ型)和撕开型裂纹(Ⅲ型),如图1-19所示。

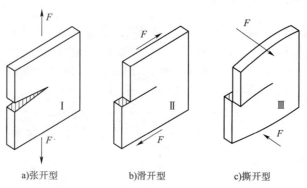

a)张开型　　　　b)滑开型　　　　c)撕开型

图1-19　裂缝类型

在实践中,张开型裂纹最容易引起脆性断裂,因此最危险。

疲劳强度可由疲劳试验机(图1-20)测得。循环应力值越低,断裂前的循环次数越多。当循环应力低于某一数值时,循环次数可以达到很大,甚至无限大,而试样仍不发生疲劳断裂,试样不发生断裂的最大循环应力,称为该金属的疲劳强度。图1-21表示的疲劳曲线横坐标表示循环次数,纵坐标表示疲劳强度。

在机械零件的失效形式中,约有80%是由疲劳断裂所造成的。因此减少疲劳失效,对于提高零件使用寿命有着重要意义。提高零件的疲劳强度的措施有:

(1)改善零件结构形状,尽量避免尖角、缺口和截面突变,避免零件的应力集中;

(2)改善零件表面加工质量,尽量减小能成为疲劳裂纹源的表面缺陷和表面损伤(擦伤、刀痕、生锈等);

(3)采用各种表面强化处理,如化学热处理、表面淬火、喷丸、滚压等表面强化方法,提高零件表层的疲劳极限。

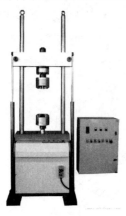

图1-20 液压疲劳试验机

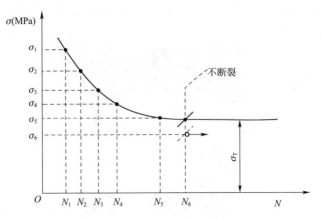

图1-21 金属材料的疲劳曲线

课题二 金属材料的其他性能

一 金属材料的物理性能

由于机器零件的使用用途不同,对材料的物理性能要求也有所不同。如制造汽车散热器水箱需要选用导热性好的金属材料;金属材料的加工过程也广泛地利用其物理性能,如在汽车维修工作中,可以利用金属材料的热膨胀性,用热装法将活塞安装在连杆上,即先将活塞放在热油或开水中加热,使活塞孔的内径产生热膨胀,从而使活塞销顺利地安装在连杆上。

金属材料的物理性能主要包括密度、熔点、导热性、热膨胀性、磁性和导电性等。

1 密度

单位体积物质的质量称为该物质的密度,即:

$$\rho = \frac{m}{V}$$

式中:ρ——物质的密度,kg/m^3;

m——物质的质量,kg;

V——物质的体积,m^3。

密度小于 $5000kg/m^3$ 的金属称为轻金属,如铝、镁、钛及它们的合金。密度大于 $5000kg/m^3$ 的金属称为重金属,如铁、铅、钨等。金属材料的密度直接关系到由它们所制构件和零件的自重。汽车发动机中的活塞要求质量轻、运动时惯性要小,所以选用密度较小的铝合金等轻金属材料制造。

单元一 金属材料的性能

金属材料的密度可由密度测量仪直接测出。密度测量仪如图1-22所示。

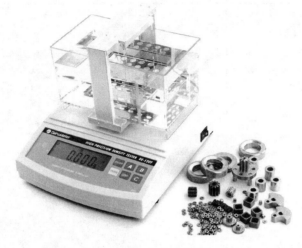

图1-22 密度测量仪

(1)密度测量实验。

步骤见表1-3。

密度测量实验 表1-3

序号	操作步骤		图示及说明
1	器材准备	天平	
		量筒	
		量杯	

续上表

序号	操作步骤		图示及说明
1	器材准备	砝码	
		金属块	
		细线	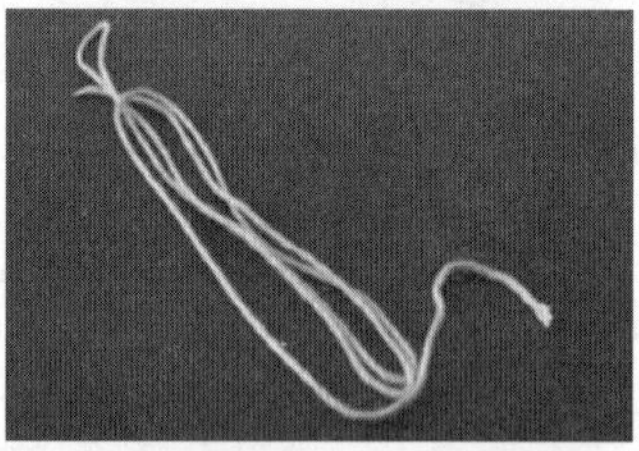
2	调节天平	U码拨至零刻度位置	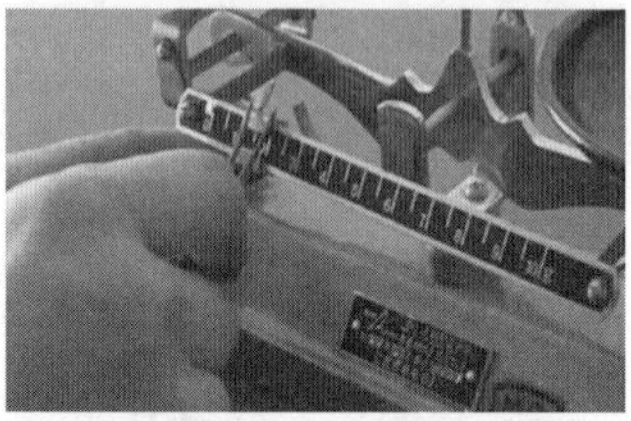
		调节平衡螺母,直至分度盘指针位于中央	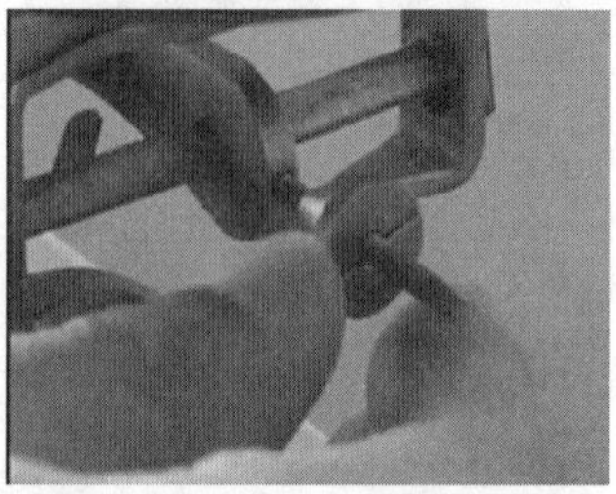

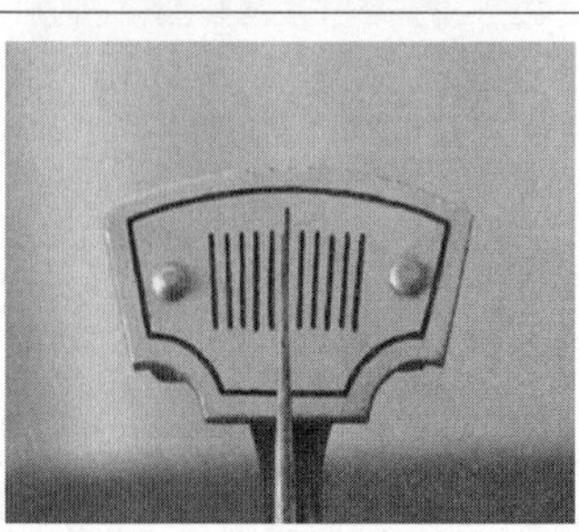

单元一　金属材料的性能

续上表

序号	操作步骤		图示及说明
3	测量金属块质量	在天平一侧加金属块	
		在天平另一侧加砝码	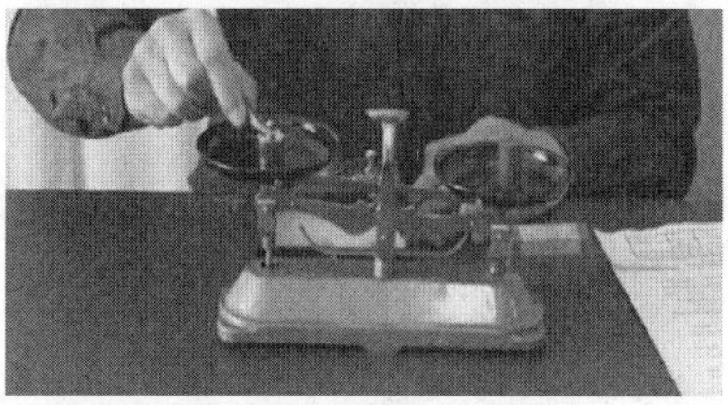
		调节U码,直至天平恢复平衡	
		记录金属块质量 m	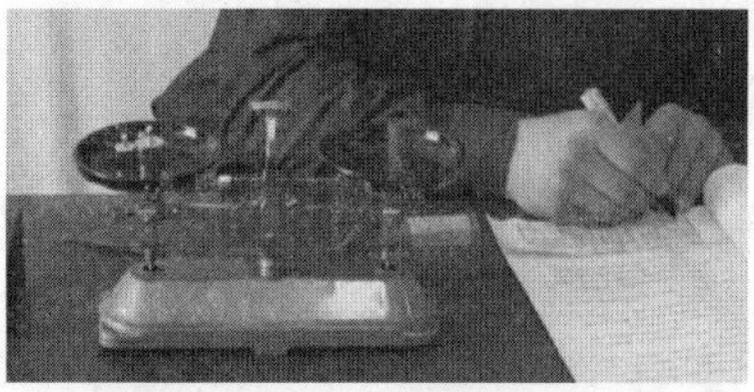
4	测量金属块体积	在量筒中倒入适量水	

续上表

序号	操作步骤		图示及说明
4	测量金属块体积	观察并记录水的体积	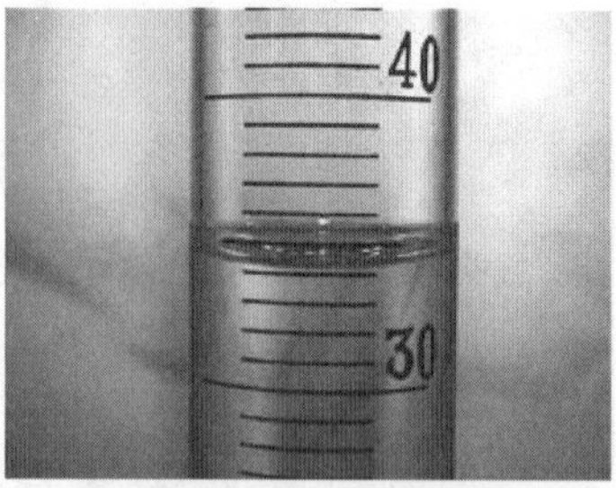
		用细线系牢金属块	
		将金属块放入水中,观察水和金属块的总体积值 $V_总$,计算并记录金属块体积 $V=V_总-V_水$	
5	实验整理	实验结束,器材整理	
		计算金属块的密度 $\rho=m/V$,完成实验报告	

(2)密度测量注意事项。

密度测量注意事项见表1-4。

密度测量注意事项　　　　表1-4

序号	注 意 事 项
1	实验调节天平平衡后,不得改变天平的位置,否则须重新调节平衡
2	调节游码,取砝码都要使用镊子,注意轻拿轻放
3	量筒中水的体积要适量,既不要太多,注意放入金属块后不能超过量筒的量程;也不要太少,要达到能完全浸没金属块
4	计算结果时要注意质量和体积的单位,金属块的密度可以最后换算成国际单位

2 熔点

金属由固态转变成液态时的温度称为熔点,它对金属材料的熔炼、热加工有直接影响,并与材料的高温性能有很大关系。

熔点高的金属称为难熔金属,如钨、钼、钒等,可以用来制造耐高温零件,如高级汽车上的曲轴、气缸的钨丝筒,汽车照明用的钨丝,国外汽车发动机耐高温铸件(如排气管、涡轮壳)等。

熔点低的金属称为易熔金属,如锡、铅等,可用于制造熔断丝和防火安全阀零件等。

熔点可由熔点测试仪直接测出。不同材质的物体熔点可选用相应方法进行测量。如图1-23所示为熔点的测量方法及相应的组成装置。

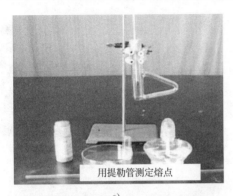
a)

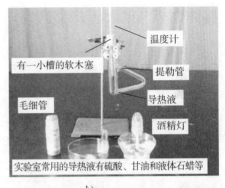
b)

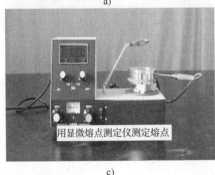
c)

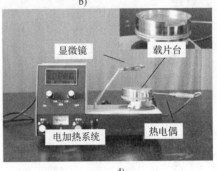
d)

图1-23　熔点测试方法及相应的组成装置

3 导热性

导热性是对固体或液体传热的能力的衡量,用热导率来衡量。热导率越大,导热性越好。金属当中银的导热性最好,铜和铝次之,一般来说,合金的导热性比纯金属差。

导热性差的材料,在热加工和热处理的加热和冷却过程中容易形成内应力,使零件变形和开裂(如玻璃杯在快速加热时的爆裂现象)。

导热性好的金属散热性也好,在制造散热器、热交换器与活塞等零件时,要选用导热性好的金属材料。

导热性可由导热系数测试仪测得,不同材料可选用相应的测量仪。热导率测量仪如图1-24所示。

4 热膨胀性

金属材料随着温度变化,体积也发生变化(膨胀或收缩)的现象称为热膨胀,一般来说，金属受热时膨胀，体积增大，冷却时收缩，体积缩小。热膨胀性多用线膨胀系数衡量，亦即温度变化1℃时，材料长度的增减量与其0℃时的长度之比。对于在高温环境下工作，或者在冷、热交替环境中工作的金属零件，必须考虑其膨胀性能的影响。

由膨胀系数大的材料制造的零件，在温度变化时，尺寸和形状变化较大。轴和轴瓦之间要根据其膨胀系数来控制其间隙尺寸；热加工和热处理时也要考虑材料的膨胀影响，以减少工件的变形和开裂。

膨胀系数测量仪种类较多，如图1-25所示为线性热膨胀测量仪。

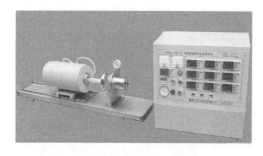

图1-24　热导率测试仪

图1-25　线性热膨胀测量仪

❺ 磁性

能吸引铁磁性物质的性质称为磁性。金属材料可分为铁磁性材料（如铁、铝等在外磁场中能强烈地被磁化）、顺磁性材料（如锰、铬等在外磁场中只能微弱地被磁化）和抗磁性材料（如铜、锌等能抗拒或削弱外磁场对材料本身的磁化作用）。铁磁性材料可用于制造变压器、电动机和测量仪表等。如航海罗盘要求避免电磁场干扰，必须选用抗磁性材料制造。铁磁性材料当温度升高到一定数值后，会转变为顺磁体。

图1-26所示为软磁材料磁性测量系统。

❻ 导电性

传导电流的能力称为导电性，用电阻率来衡量。电阻率越小，金属材料的导电性越好，金属中银的导电性最好，铜和铝次之，合金的导电性比纯金属差。电阻率小的金属（纯铜、纯铝）适合制造导电零件和导线。电阻率大的金属或合金（如钨、钼、铁、铬）适合做电热元件。

图1-27所示为金属电阻率测量仪。

图1-26　软磁材料磁性测量系统

图1-27　金属电阻率测量仪

二 金属材料的化学性能

金属与其他物质引起化学反应的特性称为金属的化学性能。在实际应用中主要考虑金属的耐腐蚀性和抗氧化性,特别是抗腐蚀性对金属的腐蚀疲劳损伤有着重大的意义。

1 耐腐蚀性

金属材料在常温下抵抗氧、水蒸气及其他化学介质腐蚀破坏的能力称为耐腐蚀性。碳钢、铸铁的耐腐蚀性较差;钛及其合金、不锈钢、耐腐蚀性好。铝合金和铜合金的耐腐蚀性较好。

汽车零部件制造所用的材料以金属为主,在使用中,金属材料的腐蚀是难以避免的。

汽车发动机在汽缸冷却时,燃料中的硫等很容易在缸壁上生成酸性物质,此时酸性物质的腐蚀性很强烈;当汽缸内气温较高时,酸性物质的腐蚀性会小很多,但此时因润滑油黏度随温度的升高而降低,油膜不易形成,抵抗腐蚀的能力减小,使得磨损加剧。

车辆金属零件腐蚀比较严重的部位是钣金件部分,如驾驶室、车厢、车壳体、车底板、挡泥板、底盘等。金属零件的腐蚀,不仅会降低其品质和寿命,还会因腐蚀造成异常损坏而引发交通事故。图 1-28 为被腐蚀的轴瓦、被腐蚀的汽车排气管和生锈卡死的轴承。

a)被腐蚀的轴瓦

b)被腐蚀的汽车排气管

c)生锈卡死的轴承

图 1-28 被腐蚀的汽车零件

金属防腐蚀的方法很多,主要有改善金属的本质,把被保护金属与腐蚀介质隔开,或对金属进行表面处理,改善腐蚀环境以及电化学保护等。

(1)改善金属的本质。可在金属中添加合金元素,提高材料的耐腐蚀性。如在钢中加入镍等元素制成不锈钢来防止或减缓金属的腐蚀。

(2)形成保护层。防止金属腐蚀简单有效的方法是在金属表面覆盖各种保护层,把被保护金属同腐蚀介质隔开。如在汽车车身喷涂油漆等。图 1-29 所示为使用防锈蜡对底盘进行防腐。

(3)改善腐蚀环境。减少腐蚀介质的浓

图 1-29 使用防锈蜡进行防腐

度,除去介质中的氧,控制环境温度和湿度,在腐蚀介质中添加缓蚀剂来防止和减少金属的腐蚀。

(4)电化学保护法。根据电化学原理在金属设备上采取措施,使之成为腐蚀电池中的阴极,从而减轻或防止金属腐蚀。

❷ 抗氧化性

金属材料在高温时抵抗氧化腐蚀作用的能力称为抗氧化性。

氧化是一种典型的化学腐蚀,在高温空气、燃烧废气等氧化性环境中,金属与氧接触发生化学反应即氧化腐蚀,腐蚀产物(氧化膜)附着在金属的表面。随着氧化的进行,氧化膜厚度继续增加,金属氧化到一定程度后是否继续氧化,直接取决于金属表面氧化膜的性能。如果生成的氧化膜是致密、稳定的、与基体金属结合力高,氧化膜强度较高,就能够阻止氧原子向金属内部的扩散,降低氧化速度,否则会加速氧化,使金属表面起皮和脱落等,导致零件早期失效。图1-30为被氧化腐蚀的汽车轮毂。

 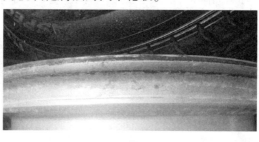

a)   b)

图1-30 被氧化腐蚀的汽车轮毂

在金属材料中加入铬、硅等合金元素,可提高其抗氧化性。如合金钢4Cr9Si2中含有质量分数为9%的Cr和质量分数为2%的Si,可在高温下使用,制造内燃机排气门及加热炉底板、料盘等。

金属材料的耐腐蚀性和抗氧化性统称为化学稳定性。在高温下的化学稳定性称为热稳定性。在高温高压条件下工作的机械零件,比在空气中或室温常压下的腐蚀更为强烈,如汽车发动机排气门、锅炉、汽轮机、喷气发动机等部件和零件,应考虑选择热稳定性好的材料来制造。

❸ 金属材料的工艺性能

金属材料对各种加工工艺方法所表现出来的适应性称为工艺性能,主要包括铸造性能、压力加工性能、焊接性能、切削加工性能和热处理工艺性能等。

在制造维修考虑选择工艺加工方法时,必须要考虑金属材料的工艺性能。如铸造性能较好,切削加工性能也较好的灰口铸铁广泛应用于制造形状和尺寸较复杂的零件,但其压力加工性能和焊接性能均较差。低碳钢的冷冲压性能和焊接性能较好,故用来加工制造形状较复杂的汽车驾驶室等零部件。金属材料的热处理性能较好,能通过不同的热处理工艺方法来改善和提高材料的各种性能。金属材料的热处理在后续单元介绍。

单元一 金属材料的性能

（1）金属材料的性能见表1-5。

金属材料的性能　　　　　　　　表1-5

金属材料的性能		概　念	常用指标及符号
力学性能	强度	材料在外力作用下抵抗变形和损坏的能力	弹性极限 σ_e 屈服极限 σ_s 强度极限 σ_b
	塑性	产生塑性变形而不被破坏的能力	断面收缩率 $\Psi=[(A_0-A_1)/A_0]\times100\%$ 延伸率 $\delta=[(L_1-L_0)/L_0]\times100\%$
	硬度	金属材料抵抗比它更硬物体压入其表面的能力	布氏硬度 HB 洛氏硬度 HRA、HRB、HRC
	冲击韧性	金属材料在冲击载荷作用下抵抗破坏的能力	a_k
	疲劳强度	零件抵抗交变载荷长时间反复循环作用后突然发生的脆性断裂的能力	σ_{-1}、σ_0 等
物理性能	密度	单位体积物质的质量	ρ
	熔点	金属由固态转变成液态时的温度	
	导热性	导热性是对固体或液体传热的能力的衡量	热导率
	热膨胀性	金属材料随着温度变化，体积也发生变化（膨胀或收缩）的现象	热膨胀系数
	磁性	能吸引铁磁性物质的性质	
	导电性	传导电流的能力称为导电性	电阻率
化学性能	抗氧化性	金属材料在高温时抵抗氧化腐蚀作用的能力	
	耐腐蚀性	属材料在常温下抵抗氧、水蒸气及其他化学介质腐蚀破坏的能力	
工艺性能	铸造性能	金属或合金是否适合铸造的一些工艺性能	
	压力加工性能	利用金属在外力作用下所产生的塑性变形，来获得具有一定形状、尺寸和力学性能	
	焊接性能	金属材料通过加热或加热和加压焊接方法，把两个或两个以上金属材料焊接到一起，接口处能满足使用目的的特性	
	切削加工性能	切削加工金属材料的难易程度	
	热处理工艺性能	金属经过热处理后其组织和性能改变的能力	

（2）了解金属防腐蚀的方法。改善金属的本质，把被保护金属与腐蚀介质隔开，或对金属进行表面处理，改善腐蚀环境以及电化学保护等。

技能训练

(1) 采用同种规格不同材料及同种材料不同规格的试样进行拉伸实验,完成1-6表格,并对实验数据进行对比。

拉伸实验数据报告　　　　　　　　　　　　　　　　　表1-6

试样		标距L_0	直径A_0	标距L_1	直径A_1	ψ	δ	σ_e	σ_s	σ_b
材料一	试样一									
	试样二									
	试样三									
材料二	试样一									
	试样二									
	试样三									

(2) 准备几种规格相同的不同材料,选用正确的硬度测量仪分别测出其硬度值,完成表1-7。

硬度测量报告　　　　　　　　　　　　　　　　　表1-7

试　样	布氏硬度值	洛氏硬度值	硬　度　比　较
试样一			
试样二			
试样三			
…			

若没有硬度测量仪,则准备小铁锤,让学生敲击试样,观察材料被敲击表面,感知材料的硬度大小,完成表1-8。

硬度判断对比实验报告　　　　　　　　　　　　　　　　　表1-8

材料编号	观察敲击痕迹大小	判断材料硬度
1		
2		
3		
4		
…		

(3) 观察分析。

准备钳工实习完成的未进行热处理的小铁锤、经热处理后的小铁锤及铁钉若干。

分别用两种小铁锤将铁钉敲入木头,敲击完后观察小铁锤的变形情况,分析两种小铁锤的硬度高低。

(4) 观察比较。

准备放大镜、细铁丝或薄钢片若干。

来回反向循环弯折铁丝,用放大镜观察细小裂纹的产生和扩展过程,仔细察看断口形状。观察直接拉断的工件断口形状与疲劳破坏的断口形状,在放大镜条件下拍下图片进行比较。

(5)测量金属的密度,完成实验报告(表1-9)。

金属的密度测量实验报告　　　　　表1-9

实　验　报　告
简要写出实验步骤、实验结果(或结论):   一、实验步骤: 二、实验结果: 测量结果填入表格:

金属块的质量	金属块放入前水的体积	金属块和水的总体积	金属块的体积	金属块的密度

三、自我评定:

思考与练习

(一)填空题

1.金属材料的性能主要包括_____性能、_____性能、_____性能和_____性能。

2.除去载荷后不能消失的变形,称为_____变形。

3.金属的塑性可以用_____和_____两个指标来衡量。

4.布氏硬度记为200HBW10/1000/30,表示用直径为_____的钢球,在9800N的载荷作用下保持_____时间所测得的布氏硬度值为_____。

5. 裂纹分为三种基本类型,分别称为_____、_____、和_____。

6. 金属材料的物理性能主要包括_____、_____、_____、_____和_____等。

7. 金属由固态转变成液态时的温度称为_____。

8. 材料的热导率越大,导热性越_____。

9. 传导电流的能力称为_____,用电阻率来衡量。

10. 金属材料在常温下抵抗氧、水蒸气及其他化学介质腐蚀破坏的能力称为_____。

11. 金属材料在高温时抵抗_____的能力称为抗氧化性。

12. 金属材料的_____和_____统称为化学稳定性。

(二)判断题

1. 延伸率 δ 和断面收缩率 Ψ 越大,表明材料的塑性越好。（　　）
2. 同一种金属材料,不同尺寸试样测得的延伸率相同。（　　）
3. 布氏硬度试验压痕面积较大,容易损伤零件表面,因此只宜测试原材料及半成品,不适于检测成品件。（　　）
4. 洛氏硬度测试压痕小,测得的数据比较稳定。（　　）
5. 材料的强度越高,塑性越好,其韧性也越好。（　　）
6. 张开型裂纹最容易引起脆性断裂。（　　）
7. 汽车发动机中的活塞要求质轻、运动时惯性要小,所以选用密度较小的轻金属材料铝合金等制造。（　　）
8. 制造汽车散热器水箱需要选用导热性好的金属材料。（　　）
9. 熔点高的金属可用于制造保险丝和防火安全阀零件等。（　　）
10. 航海罗盘要求避免电磁场干扰,必须选用抗磁性材料制造。（　　）
11. 电阻率越大,金属材料的导电性越好。（　　）
12. 金属防腐蚀的方法很多,主要有改善金属的本质,把被保护金属与腐蚀介质隔开,或对金属进行表面处理,改善腐蚀环境以及电化学保护等。（　　）

(三)问答题

1. 哪些力学性能指标可由拉伸试验获得?
2. 汽车发动机气门弹簧工作时,是弹性变形还是塑性变形?
3. 什么是材料的冲击韧性?
4. 简述金属材料的疲劳破坏过程。
5. 提高零件疲劳强度的措施有哪些?

单元二　钢铁材料

 学习目标

1. 了解钢铁材料的分类方法；
2. 掌握各种钢铁材料的主要性能及性能影响因素，培养思考习惯；
3. 掌握提高钢铁材料各种性能的热处理方法及各种热处理方法的特点；
4. 了解热处理方法在汽车零件上的应用，提高分析能力。

 建议课时

24 课时。

课题一　碳素钢

以铁为基础的铁碳合金统称为钢铁材料。钢铁材料是现代工业中应用最广泛的金属材料，它是由多种元素组成的复杂合金，但最基本的是铁和碳两种元素，其中碳素钢是最常用的钢铁材料。

碳素钢又称为碳钢，约占钢铁总产量的 80%。在铁碳合金中，含碳量小于 2.11% 的铁碳合金称为钢，含碳量大于 2.11% 的铁碳合金称为铸造生铁。碳素钢就是含碳量小于 2.11% 的铁碳合金，在冶炼过程中，不可避免地要带入少量的其他杂质元素，如锰、硅、硫、磷等元素以及某些气体，如氮、氢、氧等，这些杂质对钢的性能有很大的影响，为此对其在钢中的含量均有严格的控制。

一 碳及杂质元素对碳素钢性能的影响

1 碳的影响

碳存在于所有的钢材,是决定钢性能的主要元素。由图 2-1 可知,当钢中的含碳量低于 0.77% 时,其含碳量越高,钢的硬度和强度也越高,而塑性和韧性则越低;当钢中的含碳量超过 1.0% 以后,其含碳量增加,钢的硬度仍将升高,脆性也增大。

含碳量对钢的加工工艺性也有较大影响。含碳量低的钢强度低、塑性好,容易锻造和冷加工型(如冷弯、冷冲压、冷挤、冷铆等);含碳量低的其焊接性能良好,采用一般的焊接方法就能获得良好的焊接质量。反之,含碳量高的钢,塑性变形抗力增大,塑性变形能力差而不易冷压力加工成型;随着含碳量增大,钢的可焊接性能也逐渐变差。

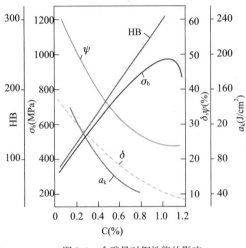

图 2-1 含碳量对钢性能的影响

2 杂质元素对碳素钢性能的影响

杂质元素对碳素钢性能的影响见表 2-1。

杂质元素对碳素钢性能的影响 表 2-1

杂质元素	含 量		对碳素钢性能的影响	
硅	不能过高,一般控制在 0.5% 以下	有益元素	脱氧剂:冶炼钢时与钢水中的氧及氧化物结合形成钢渣而被去掉,以消除氧对钢的不良影响	具有强化作用,有助于增强钢的强度,但硅熔于钢中会降低钢的韧性和塑性
锰	含量一般不超过 0.25%~0.8%,最多不超过 1.2%	有益元素	脱氧剂和脱硫剂:锰熔于钢中除去钢中的有害氧化物,并与钢中的硫化物形成硫化锰的钢渣而被去除,以消除和降低硫在钢中的有害影响	具有固熔强化作用,能在不降或略降塑性和韧性的基础上,提高钢的强度、硬度及耐磨性
硫	必须严格控制钢中硫的含量	有害元素	硫在钢中一般不熔于铁,而与铁形成化合物硫化铁,在钢进行热加工时,硫化铁先熔化,使钢材在热加工过程中开裂使钢材变脆,产生"热脆"现象	在钢焊接过程中,硫会导致焊缝出现热裂现象;在焊接时,硫易于氧化而形成二氧化硫气体,使焊缝中产生气孔
磷	严格控制磷在钢中的含量	有害元素	室温下,熔入钢中的少量磷能使钢的强度和硬度增加,而塑性、韧性将有明显的下降,特别是低温下的塑性和韧性下降更为显著,这种磷含量较高在低温下使钢变脆的现象称为"冷脆"	使钢的焊接性能变差

虽然硫和磷在钢中为有害元素，但实际中也可利用硫的热脆性和磷的冷脆性来满足钢的特殊性能要求。如在炮弹钢中加入较多的磷，可使炮弹爆炸时的碎片增多，提高杀伤力；如易切削钢，其硫、磷含量较高，可利用其塑性、韧性差，切削时切屑易碎断，不易磨损刀具，切削加工质量较高，宜进行高速切削而得到应用。

二 碳素钢的分类

碳素钢的种类繁多，按照钢的化学成分、品质和用途等的不同，可对碳素钢进行不同的分类，见表2-2。

碳素钢的分类　　　　　　　　　　　　　　　　　　　　　　表2-2

分类方法	类别	标准
按照化学成分分类	低碳钢	含碳量小于0.25%
	中碳钢	含碳量0.25%~0.60%
	高碳钢	含碳量大于0.60%
按钢的品质分类	普通碳素钢	硫的含量不大于0.055%，磷的含量不大于0.045%
	优质碳素钢	硫和磷的含量均小于0.035%
	高级优质碳素钢	硫的含量不大于0.020%，磷的含量不大于0.030%
按钢的使用用途分类	碳素结构钢	主要应用于制造机械零件和工程构件，其含碳量在0.70%以下
	碳素工具钢	应用于制造刃具、量具、模具等各种工模具，其含碳量在0.70%~1.35%之间

三 碳素钢的牌号、性能和用途

1 碳素结构钢

碳素结构钢按钢的品质又分为普通碳素结构钢和优质碳素结构钢。

（1）普通碳素结构钢。

根据《碳素结构钢》（GB/T 700—2006），普通碳素结构钢的牌号、化学成分及力学性能如表2-3和表2-4所示。

普通碳素结构钢的牌号及化学成分　　　　　　　　　　　　表2-3

牌号	等级	化学成分(%)不大于					脱氧方法
		C	Mn	Si	S	P	
Q195	—	0.12	0.50	0.30	0.040	0.035	F、b、Z
Q215	A	0.15	1.20	0.35	0.050	0.045	F、b、Z
	B				0.045		
Q235	A	0.22	1.40	0.35	0.050	0.045	F、b、Z
	B	0.20			0.045		
	C	0.17			0.040	0.04	Z
	D	0.17			0.035	0.035	TZ

续上表

牌号	等级	化学成分(%)不大于					脱氧方法
		C	Mn	Si	S	P	
Q275	A	0.24	1.50	0.35	0.050	0.045	Z
	B	0.22			0.045	0.045	
	C	0.20			0.04	0.04	
	D	0.20			0.035	0.035	

注：Q235A、B级沸腾钢的锰含量上限为0.60%。

普通碳素结构钢的力学性能　　　　　　　　表 2-4

牌号	等级	力学性能										
		σ_s(MPa)					σ_b(MPa)	δ_s(%)				
		钢材厚度(直径 mm)						钢材厚度(直径 mm)				
		≤16	>16~40	>40~60	>60~100	>100~150	>150~200		≤40	>40~60	>60~100	>100~150	>150~200
Q195	—	195	185	—	—	—	—	315~430	33	—	—	—	—
Q215	A B	215	205	195	185	175	165	335~450	31	30	29	27	26
Q235	A B C D	235	225	215	215	195	185	370~500	26	25	24	22	21
Q275	A B C D	275	265	255	245	225	215	410~540	22	21	20	18	17

普通碳素结构钢的牌号表示方法由四部分组成：代表钢材屈服点的"屈"字的汉语拼音字首 Q、屈服强度数值、钢材的品质等级和冶炼时脱氧方法。钢材的品质等级有 A、B、C、D 四级，表示其硫和磷有害杂质含量依次降低，钢材质量依次提高。C、D 级的碳素钢中硫、磷含量低，质量好，可作重要焊接结构件。表示冶炼时的脱氧方法符号 F、b、Z、TZ 分别表示沸腾钢、半镇静钢、镇静钢和特殊镇静钢。其中 Z 和 TZ 可省略不写。

如 Q215—A·F，Q 为"屈"字的汉语拼音字首，215 表示屈服极限值为 215MPa，A 表示钢材的质量为 A 等级，F 表示冶炼的脱氧方法即沸腾钢。

又如 Q275—D 表示屈服强度极限为 275MPa 的 D 级镇静钢。

由表 2-4 可知，Q195、Q215、Q235 等钢材具有良好的塑性、韧性和焊接性能，可轧制成各种薄板、冲压件、焊接结构件并可制作受力不大的零件，如螺栓、螺母、垫圈等。

而 Q275 钢具有一定的含碳量，属中碳钢，强度较高，可代替 30 钢、40 钢制造稍重要的某些零件,如小轴、销、齿轮、链轮等,以降低原材料成本。

在汽车零部件中,可用普通碳素结构钢制造的有螺栓、螺母、垫圈、法兰轴、后桥后盖、制动器底板、车厢板件、备胎托架、发动支架、曲轴前挡油盘、拉杆、销和键等。如表2-5为Q235钢在EQ1092和CA1093汽车上的应用举例。

Q235钢在EQ1092和CA1093汽车上的应用　　　　　表2-5

牌　号	应 用 举 例	
	车型	零件名称
Q235—A	EQ1092	百叶窗联动杠杆、传动轴中间轴承支架等
	CA1093	发动机前后支架、后视镜支杆、油底壳加强板等
Q235—A·F	CA1093	机油滤清器凸缘、固定发动机用连接板、前钢板弹簧夹筛、后视镜支架等
Q235—B	CA1092	三、四、五挡同步器锥盘、差速器螺栓锁片等
	CA1093	车轮轮辐、轮辋、驻车制动操纵杆棘爪与齿板等
Q235—B·F	CA1093	放水龙头手柄、消声器、后支架、百叶窗叶片等

(2)优质碳素结构钢。

优质碳素结构钢是碳含量小于0.8%的碳素钢,这种钢中所含的硫、磷及非金属夹杂物比碳素结构钢少,机械性能较为优良。

优质碳素结构钢的牌号用两位数字表示,代表钢中平均含碳量的万分位数。例如,20钢表示平均含碳量为0.20%的优质碳素钢。若钢中锰的含量较高,则在两位数字后加符号Mn。对于沸腾钢则在尾部加上F,如65Mn、15F等。

优质碳素结构钢中08、10、15、20、25等牌号属于低碳钢,其塑性好,易于拉拔、冲压、挤压、锻造和焊接。其中20钢用途最广,常用来制造螺栓、螺母、垫圈、小轴以及冲压件、焊接件,有时也用于制造渗碳件。

30、35、40、45、50、55等牌号属于中碳钢,其强度和硬度比低碳钢有所提高,淬火后的硬度可显著增加。其中,以45钢最为典型,它不仅强度、硬度较高,且兼有较好的塑性和韧性,即综合性能优良。45钢在机械结构中用途最广,常用来制造轴、丝杠、齿轮、连杆、套筒、键、重要的螺栓和螺母等。

60、65、70、75等牌号属于高碳钢。它们经过淬火、回火后不仅强度、硬度提高,且弹性优良,常用来制造小弹簧、发条、钢丝绳、轧辊等。表2-6为优质碳素结构钢在CA1092和EQ1092上的应用。

优质碳素结构钢在CA1092和EQ1092汽车上的应用　　　　　表2-6

牌　号	应 用 举 例	
	车型	零件名称
08	CA1092	驾驶室、油底壳、油箱、离合器等
	EQ1092	
15	CA1092	发动机气门帽、离合器调整螺栓、曲轴箱调整螺栓、消声器前托架螺栓、曲轴箱通风阀体、气门弹簧座及旋转套
	EQ1092	轮胎螺母、螺栓等

续上表

牌 号	应用举例	
	车型	零件名称
20	CA1092	离合器标杆、风扇叶片、驻车制动杆等
	EQ1092	
35	CA1092	螺母、发动机推杆驻车制动蹄片臂拉杆等
	EQ1092	曲轴正时齿轮、半轴螺栓锥形套、前后轴头螺母、车轮螺栓等机油泵轮、连杆螺母、汽缸盖定位销、拖曳钩等
45	CA1092	飞轮齿环、拖曳钩、转向节主销、离合器踏板轴及分离叉等
	EQ1092	气门推杆、同步器锁销、变速杆、凸轮轴、曲轴、变速叉轴等
50	CA1092	离合器从动盘等
65Mn	CA1092	气门摇臂复位弹簧、活塞油环制片、离合器压板盘弹簧、活塞销卡簧等
	EQ1092	
	EQ1092	气门弹簧、转向纵拉杆弹簧、摇臂轴复位弹簧、拖曳钩弹簧、空压机排气阀波形弹簧垫圈、风扇离合器阀片等

2 碳素工具钢

碳素工具钢的碳含量范围为0.65%~1.35%,属于高碳钢。碳素工具钢可用于各种刃具、模具和量具的制造。

图2-2 碳素工具钢

碳素工具钢(图2-2)分为碳素刃具钢、碳素模具钢和碳素量具钢。碳素刃具钢用于制作切削工具,碳素模具钢用于制作冷、热加工模具,碳素量具钢用于制作测量工具。

碳素工具钢的牌号表示方法:T表示钢的种类,后面的数字表示含碳的平均质量的千分数。如T8表示平均含碳量为0.8%的碳素工具钢。高级优质碳素工具钢在牌号后加字母A。如T12A表示平均含碳量为1.2%的高级优质碳素工具钢。表2-7为碳素工具钢的牌号、化学成分。表2-8为常用碳素工具钢的性能和用途。

碳素工具钢的牌号、化学成分　　　　表2-7

序号	牌 号	化学成分(%)				
		C	Mn	Si	S	P
					≤	
1	T7	0.65~0.74	≤0.40	0.35	0.30	0.035
2	T8	0.75~0.74	0.40~0.60			
3	T8Mn	0.80~0.90				

续上表

序号	牌号	化学成分(%)				
		C	Mn	Si	S	P
				≤		
4	T9	0.85~0.94	≤0.40	0.35	0.30	0.035
5	T10	0.95~1.04				
6	T11	1.05~1.14				
7	T12	1.15~1.24				
8	T13	1.25~1.35				

碳素工具钢的性能和用途 表2-8

牌号	主要性能	应用举例
T7	含碳量低,韧性较好,能承受冲击、振动	凿子、锤子、模具、木工工具等
T8		冲头剪切金属用剪刀、木工工具、简单模具等
T8Mn		
T9	含碳量较高,硬度、耐磨性较高,有一定的韧性,耐冲击性较差	丝锥、板牙、小钻头、手工锯条、冲模、冲头、卡尺等
T10		
T11	含碳量较高,有高硬度、高耐磨性,但韧性差,脆性大,耐冲击振动性能差	要求硬度较高的锉刀、刮刀、剃刀、铰刀、量具、丝锥、板牙等
T12		
T13		

3 碳素铸钢

由熔融的碳钢直接浇铸而成的构件或机械零件,称为铸工件(简称铸钢)。碳素钢的含碳量一般在0.15%~0.60%范围内,含量碳量过高则塑性很差,具有较大的应力和冷裂倾向,不适于锻造。

碳素铸钢的牌号用"ZG+数字+数字"表示,ZG表示铸钢两字的汉语拼音的首写字母,两组数字分别表示铸钢的屈服强度和抗拉强度。例如牌号为ZG230—450表示屈服强度为230MPa、抗拉强度为450MPa的铸钢。

表2-9为铸钢在CA1092和EQ1092汽车上的应用举例。

铸钢在CA1092和EQ1092汽车上的应用 表2-9

牌号	应用举例	
	车型	零件名称
ZG270—500	CA1092	机油管凸缘、化油器、操纵杆活接头等
ZG270—500	CA1092	进排气歧管压板、风扇过渡凸缘、前减振器下支架、空气压缩机排气阀导向座、备胎升降器轮齿等
		二、四、五挡变速叉、起动爪等
ZG310—570	CA1092	齿轮、棘轮等耐磨零件
	EQ1092	

四 铁碳合金的基本相和组织

纯铁的强度、硬度很低,生产上很少用纯铁制造零件,通常采用铁碳合金。碳钢和铸铁是现代轿车业极为重要的金属材料,它们都属于以铁和碳两个组元组成的铁碳合金。

在合金中,凡是具有相同化学成分、相同晶体结构,并与其他部分有明显界面分开的均匀组成部分称为相。铁碳合金的基本相和组织有液相、铁素体、奥氏体、渗碳体、珠光体以及莱氏体。表2-10表示铁碳合金基本相和组织的符号、性能。

铁碳合金基本相和组织的符号、性能　　　　　表2-10

基本相和组织	符　号	性　　能
铁素体	F	与纯铁相近,强度、硬度低,塑性韧性好
奥氏体	A	在727℃以上才存在,强度、硬度不高,塑性、韧性较好,易锻压成型,且无磁性
渗碳体	Fe_3C	硬度很高,塑性和韧性极差,很脆
珠光体	P	具有较高的强度和硬度,良好的塑性和韧性,介于铁素体和渗碳体之间
莱氏体	Ld	由奥氏体和渗碳体组成,硬度很高,塑性、韧性很差

合金的结晶过程,是合金的组织结构随温度、成分的变化而变化的过程。常用合金相图来反映。如图 2-3 为 $Fe\text{-}Fe_3C$ 相图。

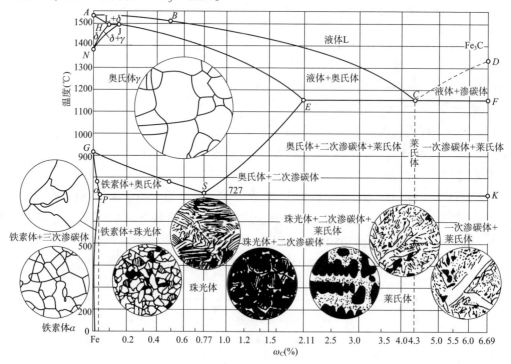

图 2-3　$Fe\text{-}Fe_3C$ 相图

由 $Fe\text{-}Fe_3C$ 相图可知,碳钢在缓慢加热或冷却过程中,在 *PSK* 线、*GS* 线和 *ES* 线上都要发生组织转变。通常把 *PSK* 线称为 A_1 线,*GS* 线称为 A_3 线,*ES* 线称为 A_{cm} 线。钢在加热和冷却时的相变临界线如图 2-4 所示,图中符号:

Ac_1:加热时珠光体向奥氏体转变的温度;

Ar_1：冷却时奥氏体向珠光体转变的温度；
Ac_3：加热时先共析铁素体全部转变为奥氏体的终了温度；
Ar_3：冷却时奥氏体向铁素体转变的开始温度；
Ac_{cm}：加热时二次渗碳体全部溶入奥氏体的终了温度；
Ar_{cm}：冷却时从奥氏体中开始析出二次渗碳体的温度。

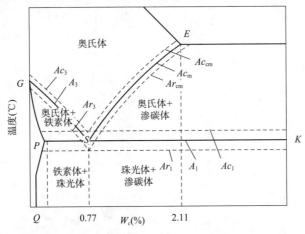

图 2-4　钢在加热和冷却时的相变临界线

五　钢的热处理

钢的热处理是将固态金属或合金通过加热、保温和冷却以获得所需的内部组织结构与性能的工艺。其目的在于改变或改善金属材料的使用性能和工艺性能，提高产品的质量，延长其使用寿命。80%左右的汽车零件需要进行热处理。所有的刀具、模具、量具、滚动轴等均需要进行热处理。

表 2-11 所示为部分显微组织金相图谱。

部分显微组织金相图谱　　　　　　　表 2-11

名　　称	全　相　图　谱
奥氏体组织金相图	
珠光体金相图	

续上表

名　称	全　相　图　谱
铁素体组织金相图	
莱氏体金相图	
低碳板条状马氏体组织金相图	
共析白口铁组织金相图	
共析钢组织金相图	
过共析钢组织金相图	

续上表

名　称	全　相　图　谱
三次渗碳体金相图	
上贝氏体组织金相图	
下贝氏体组织金相图	
渗体组织金相图	
亚共晶白口铁组织金相图	
亚共析钢组织金相图	

热处理一般可分为普通热处理和表面热处理。

(一) 钢的普通热处理

普通热处理又称为整体热处理,主要包括退火、正火、淬火和回火等。退火和正火属于预先热处理,淬火和回火称为最终热处理。预先热处理的目的是消除工件的某些缺陷,为后续工序和热处理作组织准备。最终热处理的目的是使零件获得所需要的使用性能。

1 退火

退火是将钢加热到临界温度(指零件在缓慢加热或缓慢冷却时,内部组织发生转变的温度)以上 30~50℃,保温一定时间,然后缓慢冷却的热处理工艺。

退火的目的:退火可以降低工件的硬度,提高钢的塑性和韧性,以利于切削加工;消除前一工序过程中产生的残余应力,以防工件变形与开裂;细化晶粒,均匀组织,以提高钢的力学性能,为最终热处理作组织准备。

退火按钢的成分、退火的工艺与目的,通常可分为完全退火、球化退火和去应力退火。

(1) 完全退火。

将工件加热到临界完全退火临界温度 Ac_3(临界温度与含碳量有关,随含碳量的升高而降低)以上 30~50℃,保温一定时间,然后随炉缓慢冷却至 600℃ 左右,将工件出炉空冷的热处理工艺称为完全退火。

完全退火可降低钢的硬度,以利于切削加工;消除残余应力,以防变形或开裂;改善组织,为最终热处理作组织准备。完全退火所需时间很长。

完全退火适用于低中碳钢的铸、锻件及热轧型材或焊接件。高碳钢不能完全退火,它会使钢的强度和韧性降低,为以后的热处理留下隐患,如淬火后易开裂等。

(2) 球化退火。

将工件加热到临界温度 Ac_1 以上 20~30℃,保温一定时间后缓慢冷却的热处理工艺称为球化退火。

球化退火的目的是降低硬度,提高塑性,使之易于切削加工;获得均匀的组织,减少淬火时变形与开裂的倾向,改善热处理工艺性能,为淬火作组织准备。

球化退火主要用于碳素工具钢、合金刀具钢、弹簧钢和轴承钢等。

(3) 去应力退火。

将工件以缓慢的速度加热到 Ac_1 以下某个温度,保温一定时间后随炉缓慢冷却至 200℃ 左右出炉空冷的热处理工艺称为去应力退火。钢在去应力退火中不发生组织变化,而是发生应力松弛,使内应力消除。

去应力退火的主要目的是消除工件在铸造、锻压、焊接和切削加工过程中产生的内应力,稳定尺寸,减少变形。

去应力退火主要用于消除铸件、锻件、焊接件、冷冲压件以及机加工工件中的残余应力。如果这些残余应力不消除,工件在随后的机加工或长期使用过程中,容易引起变形或开裂。

2 正火

正火是将钢加热到临界温度 Ac_3 或 Ac_{cm} 以上 30~50℃,保留一定时间后,在空气中冷却得到相应组织的热处理工艺。

正火与退火的主要区别是正火的冷却速度稍快,得到的组织较细小,强度和硬度有所提高,操作简便,生产周期短,成本较低。

正火的目的和作用:

(1)作为中碳结构钢制作的较重要零件的预先热处理。通过正火消除中碳结构钢中热加工所造成的组织缺陷,细化均匀组织,消除内应力,为后续热处理作组织准备。

(2)作为普通结构零件的最终热处理,提高钢的强度、韧性和硬度。对于力学性能要求不高的普通结构工件,可在正火状态下使用。

(3)改善低碳钢和低碳合金钢的切削加工性能。低碳钢退火后塑性和韧性都较高,切削时难断屑,表面光洁度也不高。正火后可以获得适当的硬度,从而改善切削加工中的"黏刀"现象,易于断屑,并可使工件表面光洁度提高。

钢的几种退火、正火加热温度范围及热处理工艺曲线如图2-5、图2-6所示。

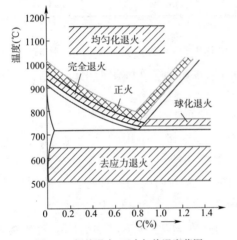

图2-5 钢的退火、正火加热温度范围

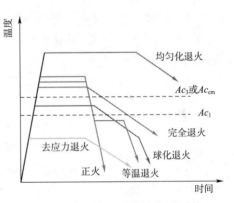

图2-6 钢的退火、正火热处理工艺曲线

3 淬火

淬火是将钢加热到淬火临界温度 Ac_1 或 Ac_3 以上30~50℃,保留一定时间后快速冷却(水冷或油冷)的热处理工艺。

淬火对于工具钢主要目的是获得相应的组织结构以提高钢的硬度,以保证刀具的切削性能和工具的耐磨性;对于中碳钢,淬火后硬度提高,但韧性不能提高,所以淬火后必须进行回火才能同时提高强度和韧性。

(1)淬火加热温度。

淬火加热温度与钢的主要化学成分有关。一般含碳量越高加热温度越低,对于合金钢,加热温度要高于相同碳含量的碳钢。淬火加热温度不宜太高,只允许超出临界温度以上30~50℃。否则会使钢的脆性增大,强度降低;淬火加热温度也不能太低,否则会使淬火后硬度不足。常用钢的淬火加热温度见表2-12。

实际生产中,淬火加热温度的确定,还要考虑工件形状、尺寸、淬火冷却介质和技术要求等因素。

常用钢的淬火加热温度 表 2-12

牌 号	淬火温度(℃)	牌 号	淬火温度(℃)
30	1143~1163	40Cr	1103~1133
35	1123~1163	40CrNi	1083~1113
45	1093~1133	60Si2Mn	1123~1163
50	1083~1123	50CrVA	1103~1143
65	1073~1133	GCr15	1093~1133
70	1053~1103	CrWMn	1073~1103
T8	1053~1073	Cr12	1223~1273
T10	1033~1053	5CrMnMo	1093~1123
T12	1033~1053	3Cr2W8V	1348~1398
T13	1033~1053	W18Cr4V	1543~1558
65Mn	1083~1123	3Cr13	1193~1253

（2）淬火加热时间。

淬火加热时间包括升温时间和保温时间。加热时间受钢的成分、工件的形状尺寸、装炉方式、装炉量、加热炉类型、炉温和加热介质等因素影响。实际生产中可根据相关手册的经验公式进行估算。

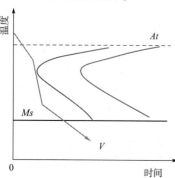

图 2-7 理想淬火介质的冷却速度曲线

（3）淬火冷却介质。

工件进行快速冷却时所用的介质称为淬火介质。理想冷却介质的冷却能力是既能使工件获得相应的组织又不使工件造成大的内应力。理想淬火介质的冷却速度曲线如图 2-7 所示，在 650℃ 以上冷却速度可慢些，以减小工件内外温差引起的热应力，防止变形；在 650~400℃ 范围内，应快速冷却；在 300~200℃ 范围内，应缓慢冷却，可防止内应力过大而使零件产生变形甚至开裂。

生产中常用的淬火冷却介质有水、盐或碱的水溶液、矿物油等，其冷却能力见表 2-13。

常用淬火介质的冷却能力比较 表 2-13

淬 火 介 质	在下列温度范围内的冷却速度(℃/s)	
	650~550℃	300~200℃
水(18℃)	600	270
水(25℃)	500	270
水(50℃)	100	270
10% NaCl(18℃)水溶液	1100	300
植物油	200	35
10 号机油	150	30
变压器油	120	25

续上表

淬火介质	在下列温度范围内的冷却速度(℃/s)	
	650~550℃	300~200℃
10% Na_2CO_3(18℃)	800	270
肥皂水	30	200
油水乳浊液	70	200
蒸馏水	250	200

水是应用最广泛的冷却介质。在 650~400℃ 范围内需要快速冷却时,水的冷却速度相对较小;在 300~200℃ 范围内需要慢冷时,其冷却速度又相对较大。但水使用安全,无燃烧和腐蚀危险,故常用于形状简单、截面较大的碳钢工件的淬火。淬火时随着水温升高,冷却能力降低,故使用时应控制水温低于 40℃。为提高水在 650~400℃ 范围内的冷却能力,常加入少量盐或碱制成盐或碱水溶液。碱水溶液对工件、设备腐蚀较大,主要用于易产生淬火裂纹的工件淬火。

油是应用较为广泛的冷却介质。常用的有机油、变压器油、柴油等。油在 300~200℃ 范围内的冷却能力较小,可以减少工件的变形,但在 650~550℃ 范围内的冷却能力也小,不利于淬硬,不适用于超过 5~8mm 厚的碳素钢,多用于合金钢及截面较小的碳素钢的淬火,含碳量低的碳素钢用油作为淬火介质很难达到要求的硬度。在使用油作为淬火介质时必须将油温控制在 40~100℃ 范围内。

(4)淬火冷却方法。

为了保证淬火质量,除应正确选用淬火介质外,还应根据工件的化学成分、形状尺寸及使用要求等,采用合理的淬火方法。常用的淬火方法有:单液淬火法、双液淬火法、分级淬火法和等温淬火法。

单液淬火法:将加热的工件放入一种淬火介质中,一直冷却至室温的淬火法。如图 2-8 中的曲线 1 所示。一般碳钢在水或水溶液中淬火,合金钢在油中淬火均属于单液淬火。

双液淬火法:将加热的工件先放入冷却能力较强的介质中,冷却到稍高于 M_s(约 230℃)的温度,再立即投入另一冷却能力较弱的介质(油)冷却的方法称为双液淬火法,通常叫作水淬油冷法。如图 2-8 中的曲线 2 所示。

双液淬火可有效降低工件的内应力,防止工件的变形和开裂。

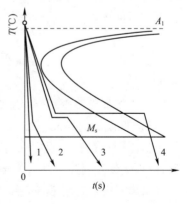

图 2-8 淬火方法

分级淬火法:将加热的工件投入到稍高于或低于 M_s(约 230℃)点温度的盐或碱溶液中,保持适当时间,待工件内外温度均达到溶液温度后取出空冷的方法称为分级淬火法。如图 2-8 中的曲线 3 所示。

分级淬火可有效防止工件变形和开裂,且硬度也较均匀。

分级淬火操作比较容易,效果较好,适用于形状复杂、尺寸较小、要求精密的零件。

等温淬火法:将加热的工件投入温度稍高于 Ms(约230℃)点温度的盐或碱溶液中,保温足够的时间后取出空冷的方法称为等温淬火法。如图2-8中的曲线4所示。

经等温淬火的工件硬度较低,但能获得高强度和良好的韧性,淬火后工件的内应力和变形都很小。

碳钢和低合金钢经等温淬火后可不再进行回火处理,故常用于形状复杂、强度和韧性要求较高的工件。如用T7制造的螺丝刀,经等温淬火后硬度可达HRC55,且强度和韧性都很好,在使用中扭曲90°也不会断裂。

图2-9为几种常用零件的淬火示意图。

a) 齿轮、链轮淬火　　b) 传动轴淬火　　c) 各种刀具淬火　　d) 各种刀具淬火　　e) 锤子平面淬火

f) 标准件的热镦　　g) 齿轮轴淬火　　h) 齿轮、链轮淬火　　i) 工件内孔淬火　　j) U型螺栓的热镦

图2-9　几种常用零件的淬火

4 回火

回火是将淬火后的工件加热到临界温度 A_1 以下所需的温度,保持一定时间后冷却至室温的热处理工艺。

钢在淬火后,虽有很高的硬度和强度,但脆性较大,并且有很大的内应力,工件极易变形和开裂,而且由于脆性较大,受冲击性能差,不能满足使用要求。因此,钢在淬火后一般都要进行回火处理。回火决定了钢在使用状态的组织和性能,因此回火是很重要的热处理工序。

回火的目的是消除或减少淬火内应力,稳定工件尺寸,并获得工件所要求的力学性能。

回火按加热温度不同可分为低温回火、中温回火和高温回火。

(1) 低温回火(150~250℃)。

低温回火的目的是在保持淬火钢的高硬度和高耐磨性的前提下,降低淬火内应力和脆性,以免使用时崩裂或过早损坏。

低温回火主要用于有高硬度、高耐磨性的零件和各种工具,如切削刀具、量具、冷冲模具、滚动轴承、锉刀、钻头及曲轴、凸轮轴和活塞销等。低温回火的硬度一般为HRC58~64。

(2) 中温回火(350~500℃)。

中温回火是为了使零件在足够的韧性下,获得高弹性和高屈服强度。

中温回火主要用于各种弹簧和热作模具的热处理,回火后硬度一般为HRC35~50。

(3) 高温回火(500~650℃)。

高温回火是指在加热温度500~650℃之间进行回火,习惯上将淬火加高温回火相结

合的热处理称为调质处理,其目的是获得强度、硬度、塑性和韧性都较好的综合力学性能。

高温回火广泛应用于汽车、拖拉机、机床等的重要结构零件,如连杆、螺栓、齿轮及轴类。回火后硬度一般为 HB220~350。

一般情况下,钢经正火和调质处理后的硬度很相近,但重要构件一般都进行调质处理而不采用正火。因为调质处理后的工件不仅强度较高,而且塑性和韧性更显著地超过正火处理后的工件。表 2-14 为 45 钢(20~40mm)经调质处理和正火后的力学性能比较。

45 钢经调质处理和正火后的力学性能比较　　　　表 2-14

热处理方法	力 学 性 能			
	σ_b(MPa)	δ(%)	A_k(J)	HB
调质	750~850	20~25	64~96	210~250
正火	700~800	15~20	40~64	163~220

几乎所有的钢在 250~350℃ 做回火热处理时都会出现低温回火脆性,且不能消除,所以一般情况下均不在此温度范围内作回火处理。实际上淬火工件的回火温度,是在综合考虑零件的材料、所要求的性能及实际淬火硬度等因素下,凭经验或实验数据来确定的。

(二) 钢的表面强化处理

对于在冲击载荷和强烈摩擦条件下工作的零件,如齿轮、凸轮、机床导轨等,要求零件表面层坚硬耐磨,而心部则要求有足够的强度和韧性(图 2-10)。整体热处理显然难以达到上述要求,此时必须采用表面热处理方法。

常用表面热处理包括表面淬火和化学热处理,见表 2-15。

图 2-10　表面和心部性能要求不同的零件实例

常用表面热处理方法　　　　表 2-15

常用表面热处理方法	特　点	工　艺　过　程	常用方法
表面淬火	只改变表面组织而不改变表面成分	通过快速加热,使钢表层组织变化,在热量尚未充分传到中心时即予以淬火冷却	感应加热表面淬火
			火焰加热表面淬火
化学热处理	同时改变表面组织和表面成分	工件置于一定温度的活性介质中保温,使一种或几种元素渗入工件表层,以改变其化学成分、组织和性能	渗碳
			渗氮

1 感应加热表面淬火

利用感应电流通过零件时产生的热效应,使零件表面迅速达到淬火温度,随即快速冷却的淬火工艺称为感应加热表面淬火。

如图 2-11 所示,淬火时将零件放入由空心铜管绕成的感应器中,感应器通入一定频率的交流电产生交变磁场时,零件内部就会产生与线圈频率相同、方向相反的感应电流。感应电流因"集肤作用"而主要分布在零件的表层。由于钢本身具有电阻,电阻发热会使表层温度迅速提高到淬火温度,而心部温度基本不变,随后快速冷却(水冷),就使零件表层淬硬,从而达到表面淬火的目的。

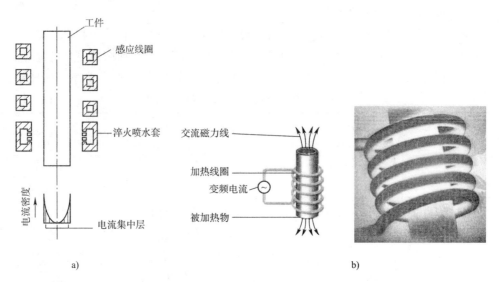

图 2-11 感应加热表面淬火

感应电流透入工件表层的深度主要与电流频率有关,频率越高,透入层深度越小。因此,通过改变交流电的频率,就可以得到不同厚度的淬硬层,生产中一般根据工件尺寸大小及所需淬硬层的深度来选用感应加热的频率和设备。各种感应加热表面淬火的应用见表 2-16。

感应加热表面淬火特点及应用　　　　表 2-16

感应加热表面淬火类别	常用频率(Hz)	淬硬深度(mm)	应 用 举 例	淬 火 设 备
高频感应加热表面淬火	$(200\sim300)\times10^3$	$0.5\sim2$	淬硬层较薄的中、小模数齿轮、小型轴等	
中频感应加热表面淬火	$(2.5\sim8)\times10^3$	$2\sim10$	淬硬层较深直径较大的轴类和模数较大的齿轮,如曲轴、凸轮、轧辊、汽车后半轴等工件	

续上表

感应加热表面淬火类别	常用频率（Hz）	淬硬深度（mm）	应用举例	淬火设备
工频感应加热表面淬火	50	10~15	要求淬硬层深的大直径零件如轧辊、火车车轮等	
超音频感应加热表面淬火	(20~40)×10³		各种高强度螺栓、螺母的热镦、齿轮、链轮、轴类、各种半轴、板簧、拨叉、气门、摇臂、球头销等汽车配件及钳子、刀剪、斧头、锤子等手工工具	

感应加热表面淬火因其加热速度快，质量好，表层组织细密、硬度高、脆性小、疲劳强度高，有较高的生产效率，便于自动化，但设备较贵，不适于单件和小批量生产。

感应淬火原理如图 2-12 所示。

2 火焰加热表面淬火

用乙炔—氧气或煤气—氧气等火焰(约 3000℃)加热工件，使工件表面快速加热到淬火温度，再用水或乳化液喷射冷却，如图 2-13 所示。

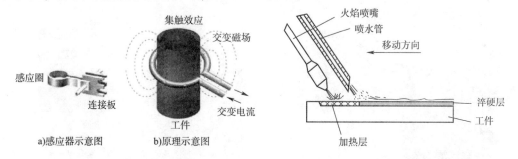

图 2-12　感应淬火原理示意图　　　　图 2-13　火焰加热表面淬火示意图

火焰表面淬火的淬硬层深度一般是 2~6mm，调整火焰烧嘴的移动速度、烧嘴与工件之间的距离以及烧嘴与冷却喷水管的距离，都可以改变和控制淬硬层深度。

火焰加热淬火设备简单，成本低，但生产效率低，加热不均匀，质量不易稳定。

3 渗碳

渗碳是把工件置于渗碳介质即渗碳剂中，加热到一定温度，保温一定时间，使碳原子渗入工件表层的化学热处理工艺。其目的是通过渗碳及随后的淬火和低温回火，使工件表面获得高强度、高耐磨性和良好的抗疲劳性能，而心部又具有较高的强度和良好的韧性。

渗碳广泛用于在变动载荷、冲击载荷、较大接触应力和严重磨损条件下工作的低碳钢、低碳合金钢零件，如汽车、拖拉机的变速器齿轮、内燃机的活塞销、摩擦片及轴类零件。

根据采用的渗碳剂不同，渗碳可分为固体渗碳、气体渗碳、盐浴渗碳。其中气体渗碳生产率高，渗碳过程容易控制，渗碳层质量好，且易实现机械化和自动化，故应用最广。本书将主要介绍气体渗碳。

气体渗碳是将钢置于气体渗碳剂中进行渗碳的工艺。常用介质为煤油、丙酮、甲醇等。

气体渗碳基本原理：将工件置于密封的渗碳炉中加热到 900~950℃，向炉内滴入易分解的有机液体，或直接通入渗碳气体。这些渗碳剂在高温下分解，产生活性原子，溶入钢表面组织中，并向内部扩散，最后形成一定深度的淬硬层。图 2-14 为气体渗碳原理及过程。

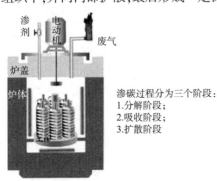

井式渗碳炉示意图

渗碳过程分为三个阶段：
1. 分解阶段；
2. 吸收阶段；
3. 扩散阶段

a)

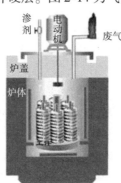

井式渗碳炉示意图

分解阶段：
高温下渗碳介质可分解为碳氧化物。930℃时煤油分解为氧气，一氧化碳、二氧化碳、甲烷等碳氧化合物。碳氧化合物再反应可以得到活性碳原子

$H_2 + CO \rightarrow [C] + H_2O$
$H_2 + CO \rightarrow [C] + CO_2$

b)

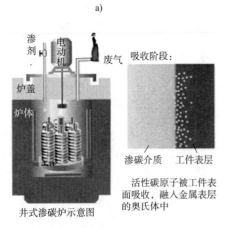

井式渗碳炉示意图

吸收阶段：
活性碳原子被工件表面吸收，融入金属表层的奥氏体中

c)

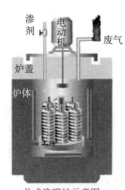

井式渗碳炉示意图

扩散阶段：
活性碳原子从工件表面向内部呈速度扩散

d)

图 2-14 气体渗碳原理及过程

4 渗氮

渗氮是在一定温度下，使活性氮原子渗入工件表面的化学热处理工艺。其目的旨在提高零件表面的硬度、耐磨性、耐蚀性及疲劳强度。

目前应用的渗氮方法主要有气体渗氮、液体渗氮、离子渗氮等。其中，以气体渗氮最

为常用,我们主要介绍气体渗氮。

气体渗氮的基本原理:渗氮时将工件放入密封的炉内,加热至 500～600℃ 通入氨气(活性介质),氨气分解出活性氮原子。活性氮原子与钢表面的合金元素 Al、Cr、Mo 形成氮化物,并向工件内部扩散。

气体渗氮的特点及应用见表 2-17。

气体渗氮的特点及应用　　　　　　　　　　　　　　　　表 2-17

特点及应用	说　　明
特点	渗氮层深度:0.1～0.6mm
	不需热处理,渗氮层即可获得很高的硬度和耐磨性
	渗氮温度低(一般约570℃),工件变形小,适用于处理精密零件
	渗氮零件具有很好的耐腐蚀性
	生产周期长,成本高,渗氮层薄而脆,不宜承受集中的重载荷
应用	高速传动的精密齿轮、高精度机床主轴,如镗杆、磨床主轴等
	在变动载荷工作条件下要求疲劳极限很高的零件,如高速柴油机曲轴等
	要求变形很小和具有一定抗热、耐腐蚀能力的耐磨零件,如阀门等

❺ 碳氮共渗

碳氮共渗是在一定温度下,将碳、氮同时渗入工件表层(以渗氮为主)的化学热处理工艺,称为碳氮共渗。常用的为气体碳氮共渗,其特点见表 2-18。

碳氮共渗的特点　　　　　　　　　　　　　　　　　　　表 2-18

序　号	特　　　　点
1	加热温度低,零件变形小
2	渗层具有比渗碳略高的硬度、较高的耐磨性和疲劳强度
3	同样条件下,碳氮共渗层厚度比渗碳渗层厚,生产周期短

六　典型汽车零件的热处理

按照热处理方法所能获得的性能,决定了其适用范围和工序位置。退火和正火一般作为预备热处理被安排在毛坯生产之后及机械加工之前。调质处理视实际情况可以放在粗加工后和精加工前作为工件的预备热处理,为最后的表面淬火作准备。一般情况下表面热处理后的零件就获得了所需的使用性能,为最终热处理。

❶ 汽车齿轮的热处理

汽车齿轮(图 2-15)作为重要的机械传动零件,在啮合过程中,承受很大的接触压应力及强烈的摩擦,齿根部分承受较高的弯曲应力,且在起动和换挡时,轮齿还会受到较高的冲击载荷。所以齿轮必须具有高疲劳强度和高抗冲击力,表面还必须具备高耐磨性。

按照汽车齿轮的使用性能要求,在合理选材(一般选用合金渗碳钢)的基础上,设计其加工工艺如下:

下料—锻造—正火—机械粗加工—渗碳—淬火、低温回火—喷丸—磨齿。

其中正火作为预备热处理是为了改善锻造状态下的不均匀组织结构,以利于切削加工;渗碳、淬火及低温回火是为了得到高强度和足够的冲击韧性;喷丸处理是将许多钢丸以极高的速度喷射在零件表面使其变形以提高疲劳强度。

a)　　　　　　　　　　　　　　b)

图 2-15　汽车齿轮

② 汽车半轴的热处理

汽车半轴(图 2-16)在工作时承受冲击、弯曲交变应力和扭转等作用,要求材料有足够的强度、硬度、塑性与韧性,以防止轴的变形与疲劳破坏。轴颈部位还要求具备高耐磨性,以保证传动精度。

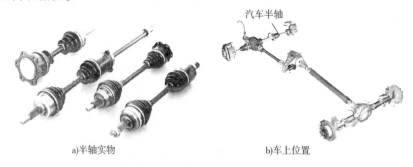

a)半轴实物　　　　　　　　　b)车上位置

图 2-16　汽车半轴及在车上的位置

通过分析零件的工作环境和使用要求,中、小型汽车半轴可以选用优质中碳钢及其合金钢制造。加工工艺如下:

下料—锻造—正火—机械加工—调质处理—盘部钻孔—磨花键。

锻造后正火可得到理想的硬度以利于机械加工;调质处理使半轴具有较高的强度、硬度、塑性、韧性和疲劳强度。

❸ 汽车弹簧的热处理

汽车弹簧(图 2-17)利用材料的弹性变形储存能量,以缓冲振动和冲击作用的零件。它们大多是在冲击、振动或周期性弯曲、扭转等交变应力下工作,而且要求在承受大载荷时不发生塑性变形。因此,弹簧类零件应具有高弹性极限、高疲劳强度、足够的塑性和韧性;在特殊条件下工作的弹簧,还要具有某些特殊的性能要求,如耐热性、耐腐蚀性等。

根据汽车弹簧的使用要求,线径较小的不太重要的弹簧,如刹车弹簧可选用碳素弹簧钢,线径或板厚大于 10mm 的螺旋弹簧或板簧,常采用合金弹簧钢制作。尺寸不同,其成型工艺和热处理方法也有差别。

汽车钢板弹簧的热处理工艺为：加热到860℃左右—保温—油淬火—回火—喷丸处理。汽车板簧淬火如图2-18所示。

图2-17 汽车钢板弹簧

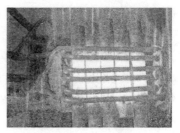

图2-18 汽车弹簧的热处理

课题二 合 金 钢

碳钢因具有易于加工、价格低的优点而得到广泛使用。但是碳钢也存在强度低、淬透性差，回火稳定性差和不具备特殊性能等缺点而限制其在某些场合的使用。特别是随着汽车性能的不断提高，对制造汽车零件的金属材料也有了更高的要求。

为了改善碳钢的性能，可在碳钢中添加一些合金元素构成合金钢，以满足对材料性能更高、更全面的需要。

常用的合金元素有：铬（Cr）、镍（Ni）、钼（Mo）、钛（Ti）、钒（V）、钨（W）、铌（Nb）、钴（Co）、铝（Al）、铜（Cu）、铝（Al）、硼（B）、氮（N）、稀土（Xt）等。

一 合金元素对钢性能的影响

（1）铬（Cr）：在结构钢和工具钢中，铬能显著提高强度、硬度和耐磨性，但同时降低塑性和韧性。铬又能提高钢的抗氧化性和耐腐蚀性，因而是不锈钢，耐热钢的重要合金元素。

（2）镍（Ni）：镍能提高钢的强度，又能保持良好的塑性和韧性。镍对酸碱有较高的耐腐蚀能力，在高温下有防锈和耐热能力。但由于镍是较稀缺的资源，故应尽量采用其他合金元素代用镍铬钢。

（3）钼（Mo）：钼能使钢的组织细化，提高淬透性，在高温时保持足够的强度。

（4）钛（Ti）：钛是钢的强脱氧剂。它能使钢的内部组织致密，降低冷脆性，改善焊接性能。

（5）钒（V）：钒是钢的优良脱氧剂。钒可细化钢的组织，提高强度、韧性和抗腐蚀能力。

（6）钨（W）：钨熔点高，比重大，与碳形成碳化钨有很高的硬度和耐磨性。在工具钢加钨，可显著提高红硬性和热强性。

（7）铌（Nb）：铌能降低钢的回火脆性，改善焊接性能，提高强度，但塑性和韧性有所下降。在普通低合金钢中加铌，可提高抗大气腐蚀及高温下抗氢、氮、氨的腐蚀能力。

（8）钴（Co）：钴是稀有的贵重金属，多用于特殊钢和合金中，如热强钢和磁性材料。

（9）铜（Cu）：铜能提高钢的强度和韧性，特别是大气腐蚀性能。缺点是在热加工时容易产生热脆现象，铜含量超过0.5%时钢的塑性显著降低。当铜含量小于0.50%对焊接性能无影响。

(10) 铝(Al):铝是钢中常用的脱氧剂。钢中加入少量的铝,可提高冲击韧性。铝还具有抗氧化性和抗腐蚀性能,铝与铬、硅合用,可显著提高钢的高温不起皮性能和耐高温腐蚀的能力。铝的缺点是含量过高时会影响钢的热加工性能、焊接性能和切削加工性能。

(11) 硼(B):钢中加入微量的硼可改善钢的致密性和热轧性能,提高强度。

(12) 氮(N):氮能提高钢的强度,低温韧性和焊接性。

(13) 稀土(Xt):稀土元素是指元素周期表中原子序数为57~71的15个镧系元素。这些元素都是金属,但他们的氧化物很像"土",所以习惯上称为稀土。钢中加入稀土,可以改变钢中夹杂物的组成、形态、分布和性质,从而改善钢的各种性能,如韧性、焊接性、冷加工性能和耐磨性。图2-19所示为合金元素对钢的硬度和韧性的影响。

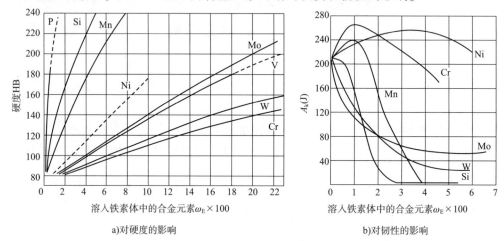

图 2-19 合金元素对钢硬度和韧性的影响

二 合金钢的分类与牌号

(一) 合金钢的分类(表2-19)

合金钢的分类   表2-19

分类方法	类 别		
按合金元素分类	低合金钢(合金元素含量在5%以下)		
	中合金钢(合金元素含量在5%~10%)		
	高合金钢(合金元素含量在10%以上)		
按用途分类	合金结构钢(用来制造各种机器零件及工程结构)	普通低合金高强度结构钢	桥梁用钢
			船舶用钢
			车辆用钢
		机器用钢	渗碳钢
			调质钢
			弹簧钢
			轴承钢
			易切钢

续上表

分类方法	类别	
按用途分类	合金工具钢(用来制造各种重要的工具和量具、刃具等)	刃具钢
		模具钢
		量具钢
	特殊性能钢(具有特殊的物理或化学特性的钢,用来制造有特殊性能要求的结构件和机器零件等)	不锈钢
		耐热钢
		耐磨钢
按合金钢中有害杂质含量多少分类	优质钢	硫、磷含量均≤0.04%
	高级优质钢(A、B、C、D 四个等级)	硫、磷含量均≤0.03%
	特级优质钢(E)	磷含量≤0.025%,硫含量≤0.02%

(二)合金钢的牌号

按国家标准的规定,合金钢的牌号采用"数字 + 化学元素符号 + 数字"表示。

1 合金结构钢牌号

合金结构钢前两位数字表示平均含碳量的万分数,合金元素直接用化学符号(或汉字)表示,后面的数字表示合金元素平均含量的百分数。合金元素平均含量小于1.5%时,牌号中合金元素的含量不标。如:

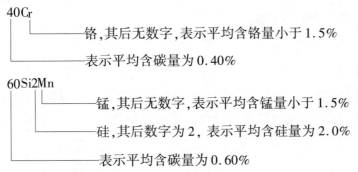

2 合金工具钢牌号

合金工具钢牌号与合金结构钢牌号结构相似,区别为:当含碳量小于1%时,前面用一位数字表示平均含碳量的千分数,当含碳量大于或等于1%时,则不标注含碳量。如:

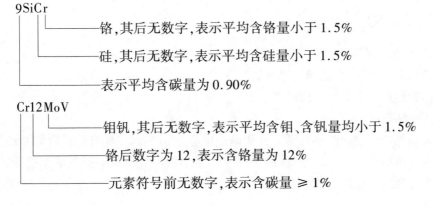

3 高速钢、高合金钢牌号

高速钢和高合金钢,虽含碳量小于1%时,也不标含碳量。如:

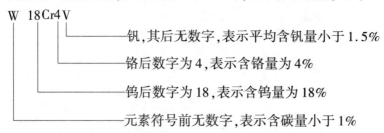

W 18Cr4V
- 钒,其后无数字,表示平均含钒量小于 1.5%
- 铬后数字为 4,表示含铬量为 4%
- 钨后数字为 18,表示含钨量为 18%
- 元素符号前无数字,表示含碳量小于 1%

4 特殊性能钢的牌号

特殊性能钢的牌号表示方法与合金工具钢基本相同,前面数字表示平均含碳量的千分数,当平均含碳量小于 0.1% 时,用 O 表示。如:

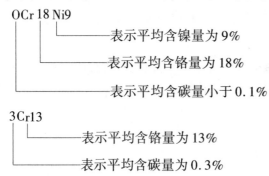

0Cr18Ni9
- 表示平均含镍量为 9%
- 表示平均含铬量为 18%
- 表示平均含碳量小于 0.1%

3Cr13
- 表示平均含铬量为 13%
- 表示平均含碳量为 0.3%

5 滚动轴承钢的牌号

滚动轴承钢的牌号表示方法与合金工具钢基本相同,因其含碳量一般都≥1.0%,故不标含碳量。不同的是铬元素后面的数字表示含铬量的百分数,并在牌号前以"G"或"滚"字表示滚动轴承钢。如:

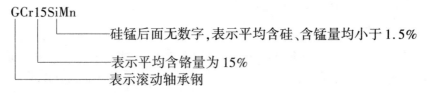

GCr15SiMn
- 硅锰后面无数字,表示平均含硅、含锰量均小于 1.5%
- 表示平均含铬量为 15%
- 表示滚动轴承钢

三 合金结构钢

(一) 低合金结构钢

低合金结构钢的成分、性能和用途见表 2-20。

低合金结构钢在汽车上的应用见表 2-21。

(二) 合金渗碳钢

合金渗碳钢是指经过渗碳热处理后使用的低碳合金结构钢。具有外硬内韧的性能,用于承受冲击的耐磨件,如汽车、拖拉机中的变速齿轮,内燃机上的凸轮轴、活塞销等。合金渗碳钢的成分及用途见表 2-22。

低合金结构钢的成分、性能和用途　　　　　　　　　　　　　　　　　表 2-20

	成分			性能	用途
	含碳量	合金元素总量	合金元素及作用(主要为 Mn、Si)		
低合金结构钢	小于 0.2%	小于 3%	Mn、Si 等　提高强度 V、Ti 等　提高韧性 Cu、P 等　提高耐蚀性	较高的强度、良好的塑性、焊接性能、耐腐蚀性、较高的屈服强度、较低的冷脆转变温度	一般工程结构和机械零件，如桥梁、船舶、车辆、锅炉、高压容器、输油管道、建筑钢筋等

低合金结构钢在汽车上的应用　　　　　　　　　　　　　　　　　　表 2-21

常用牌号	应用举例
09MnRE	水箱固定架底板、风扇叶片、栋梁
16Mn	纵梁前加强板、横梁、角撑、保险杠
16MnRE	车架纵横梁、蓄电池固定框后板、汽油箱托架
10Ti	车架前横梁、中横梁前保险杠、角撑等

合金渗碳钢的成分及用途　　　　　　　　　　　　　　　　　　　　表 2-22

	成分			主要牌号	用途
	含碳量	合金元素(主要为Cr)	合金元素作用		
合金渗碳钢	0.1%~0.25%	Cr、Ni、Mn、B	强化碳化层和心部组织以提高强度和韧性	20Cr	用来制造负荷不大、小尺寸的一般渗碳件，如小轴、小齿轮、活塞销等
		少量的 W、Mo、V、Ti	形成细小、难溶的碳化物，稳定组织。表层碳化物可提高表面渗碳层的耐磨性	20CrMnTi	应用最广泛的合金渗碳钢，用于截面在 30mm 以下、高速运转并承受中等或重载荷的重要渗碳件，如汽车、拖拉机的变速齿轮、轴等零件

常用合金渗碳钢在 EQ1092、CA1093 汽车上的应用如表 2-23 所示。

常用合金渗碳钢在 EQ1092、CA1093 汽车上的应用　　　　　　　　　表 2-23

牌号	应用举例	
	车型	零件名称
15Cr	EQ1092	活塞销、气门弹簧座
	CA1093	活塞销、气门挺杆及调整螺栓
20CrMnTi	EQ1092	二、三挡活动齿套，四、五挡滑动齿套，一挡及倒挡齿轮，变速器中间轴
	CA1093	变速器齿轮及第一轴和中间轴，间轴齿轮，万向节和差速器十字轴
20MnVB	EQ1092	传动十字轴，转向万向节十字轴，后桥减速器齿轮，差速器十字轴
15 MnVB	CA1093	钢板弹簧中心螺栓
	EQ1092	变速器一轴、二轴、中间轴，中间轴常啮合齿轮，二、三挡滑动齿套，二、三、四、五挡齿轮

用合金渗碳钢制造的汽车零件举例如图2-20。

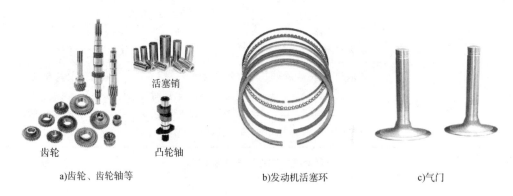

a)齿轮、齿轮轴等　　　　b)发动机活塞环　　　　c)气门

图2-20　用合金渗碳钢制造的汽车零件

(三) 合金调质钢

合金调质钢是指经过调质处理(淬火＋高温回火)后使用的中碳合金结构钢。经调质处理后使用可制造具有良好综合力学性能的重要零件。如汽车、拖拉机、机床等上的齿轮、轴类件、连杆、高强度螺栓等。合金调质钢是机械结构用钢的主体。合金调质钢的成分及用途如表2-24。

合金调质钢的成分及用途　　　　表2-24

	成　分			主要牌号	用　途
	含碳量	合金元素	合金元素作用		
合金调质钢	0.25%～0.50%	主要加入 Cr、Ni、Mn、Si、B	提高淬透性和强化钢材	40Cr	主要用于较为重要的中小型调质件;如机床齿轮、主轴、花键轴、顶尖套等
				35CrMo	适用于制造截面较大、载荷较重的调质件和较为重要的中型调质件,如汽轮机的转子、重型汽车的曲轴等
		少量的 W、Mo、V、Ti	形成稳定的合金碳化物,细化组织,防止回火脆性	40CrNiMoA	适宜于制作重载、大截面的重要调质件,如挖掘机传动轴、卷板机轴等
				38CrMoAl	主要用于制造尺寸精确、表面耐磨性要求很高的中小型调质件,如精密磨床主轴、精密镗床丝杠等

用合金调质钢制造的部分零件如图2-21所示。

合金调质钢在 EQ1092、CA1093 汽车上的应用如表2-25。

a) 齿轮　　b) 机床主轴　　c) 连杆

图 2-21　合金调质钢制造的部分零件

常用合金调质钢在 EQ1092、CA1093 汽车上的应用　　　　表 2-25

常用牌号	应用举例	
	车型	零件名称
40Cr	EQ1092	发动机支架固定螺栓、差速器壳螺栓、减振器销
	CA1093	水泵轴、连杆、连杆盖、汽缸盖螺栓
40MnB	EQ1092	半轴、水泵轴、传动轴花键、万向节叉、转向节、汽缸盖螺栓、连杆螺栓
	CA1093	变速器二轴、转向节、转向臂、半轴
45Mn2	EQ1092	进气门、半轴套管、钢板弹簧、U 形螺栓
	CA1093	半轴套管、钢板弹簧、U 形螺栓
50Mn2	EQ1092	离合器从动盘、减振盘

(四) 合金弹簧钢

弹簧是在动载荷作用下工作,要求具备较高的疲劳强度和抗拉强度,良好的工艺性能和足够的塑性与韧性。在特殊环境下使用的弹簧(如气门弹簧、摇臂轴定位弹簧等)还需要有一定的耐热性和耐腐蚀性。

合金弹簧钢的成分和用途如表 2-26。

图 2-22 所示为汽车钢板弹簧总成。

合金弹簧钢在汽车上的应用举例见表 2-27。

合金弹簧钢的成分及用途 表2-26

		成分		主要牌号	特点及应用
	含碳量	合金元素	合金元素作用		
合金弹簧钢	0.45%~0.70%	主要加入Si、Mn、Cr	提高淬透性和回火稳定性	60Si2Mn	强度、淬透性、耐回火性都比碳素弹簧钢高，适于制造厚度小于10mm的板簧和截面尺寸小于25mm的螺旋弹簧，在重型机械、铁道车辆、汽车、拖拉机上都有广泛的应用
		少量的V、W和Mo	防止过过热倾向，细化组织，提高弹性极限的高温温度	50CrVA	力学性能与60Si2Mn钢相近，但淬透性更高，常用于制作承受重载荷、工作温度较高及截面尺寸较大的弹簧
				30W4Cr2VA	是高强度的耐热弹簧，用于500℃以下工作的锅炉主安全阀弹簧、汽轮机汽封弹簧等

图2-22 汽车钢板弹簧总成

合金弹簧钢在汽车上的应用举例 表2-27

常用牌号	应用举例	
	车型	零件名称
55SiMnVB	EQ1092	钢板弹簧
55Si2Mn	CA1093	钢板弹簧
65Mn	EQ1092	气门弹簧、制动室复位弹簧
	CA1093	气门弹簧、摇臂轴定位弹簧、离合器压紧弹簧
60Si2Mn	EQ1092	牵引钩弹簧
	CA1093	钢板弹簧

（五）轴承钢

轴承钢是用来制造滚动轴承（图2-23）的滚动体和内外圈的专用钢。轴承零件要具有高硬度和高耐磨性。

单元二 钢铁材料

图2-23 滚动轴承

轴承钢的成分、特点及应用见表2-28。

轴承钢的成分、特点及应用　　　　　　　表2-28

成分			主要牌号	特点	用途
含碳量	合金元素	合金元素作用			
0.95%~1.10%	Si、Mn、Cr、V、Mo、Xt	提高淬透性、细化组织、提高回火稳定性、提高韧性	GCr15	高而均匀的硬度和耐磨性，高强度极限和接触疲劳强度，足够的韧性和一定的抗腐蚀性	用于制造轴承的滚动体和内外圈

四 合金工具钢

合金工具钢是在碳素工具钢的基础上添加少量合金元素形成的钢。合金工具钢常用来制造各种量具、模具或切削刀具，按用途可分为合金刃具钢、合金模具钢和合金量具钢。各类合金工具钢没有严格的使用界限，可以交叉使用。

（一）合金刃具钢

刃具在工作时，受到复杂的切削力作用，刃部与切屑间会产生强烈的摩擦，使刀刃磨损并发热。切削量愈大，刃部温度愈高，会使刃部硬度降低，甚至丧失切削功能。另外，刃具还承受冲击与震动，常见的失效形式是刃口变钝，不正常的破坏形式为折断、崩刃和塑性变形等。在这种情况下，使用碳素工具钢已不能满足刃具在工作中对使用性能的要求，因此必须选用合金刃具钢。合金刃具钢应具有下列性能：

（1）高硬度。只有刃部的硬度大大高于被加工材料硬度时，才能顺利进行切削，因此刃具钢的含碳量较高。

（2）高耐磨性。耐磨性是反映材料抵抗磨损的能力。当磨损量超过所规定的尺寸范围时，刃部就丧失了切削能力，刀具便不能继续使用。耐磨性的高低，直接影响着刀具的使用寿命。

（3）高红硬性。红硬性是指刀具刃部在高温下保持高硬度（≥HRC60）的能力。若在刃具钢中加入少量的钨、钒、铌等元素，将显著提高刃具钢的红硬性。

合金刃具钢的化学成分及用途见表2-29。

（二）合金模具钢

专门用于制造冲压、模锻、挤压、压铸等模具的合金钢，称为合金模具钢。

合金刃具钢的化学成分及用途　　　　　表 2-29

牌号	化学成分(%)					用途举例
	C	Mn	Si	Cr	其他	
9SiCr	0.85~0.95	0.3~0.6	1.2~1.6	0.95~1.25		板牙、丝锥、铰刀、搓丝板、板牙冷冲模等
CrWMn	0.9~1.05	0.8~1.1	0.15~0.35	0.9~1.2	1.2~1.6W	长丝锥、长铰刀、板牙、拉刀、量具、冷冲模等
CrMn	1.3~1.5	0.45~0.75	≤0.40	1.3~1.6		长丝锥、拉刀、量具等
9Mn2V	0.85~0.95	1.7~2.0	≤0.40		0.01~0.25V	板牙、丝锥、样板、量规、中小型模具、磨床主轴、精密丝杠等

根据模具使用条件的不同将模具分为冷作模具和热作模具,相应地合金模具钢也分为冷作模具钢和热作模具钢。

合金模具钢的分类、工作环境、性能和应用见表 2-30。

合金模具钢的分类、工作环境、性能和应用　　　　　表 2-30

类别	工作环境	性能	应用场所
冷作模具钢	受很大压力、摩擦或冲击	高硬度、高耐磨性及足够的强度与韧性	制造冷冲模(冲裁模、拉伸模、弯曲模等)、冷镦模、冷挤压以及拉丝膜、滚丝模、搓丝板等
热作模具钢	与热态金属相接触,反复受热和冷却,易产生热疲劳现象	高温硬度和高温强度、高的热塑变抗力、高的热疲劳抗力	制造使加热了的固态金属或液态金属在压力作用下成形的模具,如热锻模、热顶锻模、热挤压模与压铸模

(三)合金量具钢

合金量具钢用来制造测量和检测工件尺寸的量具,它的工作部分要求具有高的硬度和耐磨性,还要求热处理变形小,在使用过程中尺寸稳定。常用的合金量具钢有 CrMn、CrWMn 等。

五　特殊性能钢

特殊性能钢是指具有特殊物理性能或化学性能的钢。其种类很多,主要有不锈钢、耐热钢和耐磨钢。

(一)不锈钢

不锈钢包括不锈钢和耐酸钢。能抵抗空气、蒸汽、水等弱腐蚀介质腐蚀的钢称为不锈钢;而将耐化学介质腐蚀(酸、碱、盐等)的钢称为耐酸钢。普通不锈钢一般不耐化学介质腐蚀,而耐酸钢则一般具有不锈性。

常用的不锈钢有铬不锈钢和铬镍不锈钢两类。如表 2-31 所示为不锈钢的化学成分、常用牌号和应用场所。

单元二 钢铁材料

不锈钢的化学成分、常用牌号和应用场所　　　　表 2-31

类　别	平均含碳量(%)	平均铬量(%)	平均含镍量(%)	常用牌号	应　用　场　所
铬不锈钢	0.08～0.40	13		1Cr13	适于制造在大气、海水、蒸汽等介质中工作的零件
				2Cr13	
				3Cr13	用于制造弹簧、轴承、医疗器械及在弱酸腐蚀条件下工作并要求有较高强度的零件
				4Cr13	
铬镍不锈钢	低或甚微	18	9～10	1 Cr18Ni9	用于制造在各种腐蚀介质中使用的酸槽、管道、储藏及运输酸类用的容器等
				2 Cr18Ni9	

表 2-32 为合金元素对不锈钢耐蚀性能的影响。

合金元素对不锈钢耐蚀性能的影响　　　　表 2-32

腐蚀类型	合　金　元　素										
	C	Si	P	S	Ni	Mo	Cu	Cr	N	Nb	Ti
抗一般腐蚀	×	▼	▽	▽	○	○	○	◎			
抗晶体间腐蚀	×	▼		▽				○		◎	◎
抗点蚀和缝隙腐蚀	×			×		◎		◎		▼	▼
抗应力腐蚀	▼	○	×		◎	▼	▼	○	▼	▼	▼

表中符号含义：◎很有利；○有利；▼有利或有害随条件而定；▽有害；×肯定有害。

(二) 耐热钢

材料在高温条件下兼有抗氧化性和高温强度的综合性能称为耐热性,具有良好的耐热性能的钢称作耐热钢。

耐热钢按其性能可分为抗氧化钢和热强钢两类。抗氧化钢又简称不起皮钢。热强钢是指在高温下具有良好的抗氧化性能并具有较高的高温强度的钢。

为了提高钢的抗氧化性,钢中应加入铬、硅、铝等合金元素,以形成一层致密完整、高熔点并覆盖于零件表面的氧化膜,如 Cr_2O_3、SiO_2、Al_2O_3,避免钢被进一步氧化。

为了提高钢的高温强度,钢中应加入钛、铌、钒及钨等合金元素,增加钢的抗蠕变能力,提高钢的高温强度,防止高温下的晶间腐蚀。

常用的耐热钢牌号及应用如表 2-33。

常用的耐热钢牌号及应用　　　　表 2-33

常用耐热钢牌号	应　用
15CrMo	用于工作温度 600℃以下耐热构件,如锅炉管、过热器等
12CrMoV	
4Cr9Si2	用于内燃机的排气门等
4Cr10Si2Mo	
Cr18Ni9Ti	高温下工作的锅炉、回执炉等构件
4Cr14Ni14W2Mo	

(三)耐磨钢

在强烈的冲击、挤压和严重磨损的作用下,产生硬化从而具有良好耐磨性的钢,称为耐磨钢。典型的耐磨钢为高锰耐磨钢,简称高锰钢。其含锰量为13%,含碳量约为1.0%~1.3%。

由于高锰钢极易加工硬化,使切削加工困难,故大多数高锰钢零件采用铸造成型。铸造高锰钢的牌号及化学成分见表2-34。

铸造高锰钢的牌号及化学成分　　　　　　表2-34

牌号	化学成分(%)					适用范围
	C	Mn	Si	S	P	
ZGMn13-1	1.10~1.45	11.00~14.00	0.30~1.00	≤0.040	≤0.90	低冲击件
ZGMn13-2	0.90~1.35		0.30~1.00	≤0.040	≤0.70	普通件
ZGMn13-3	0.95~1.35		0.30~0.80	≤0.035	≤0.70	复杂件
ZGMn13-4	0.90~1.30		0.30~0.80	≤0.040	≤0.70	高单击件
ZGMn13-5	0.75~1.30		0.30~1.00	≤0.040	≤0.70	高单击件

注:牌号"-"后阿拉伯数字表示品种代号。

高锰钢主要用于制造坦克、拖拉机履带、矿石机颚板、铁路道岔、挖掘机铲斗的斗齿以及防弹钢板、保险箱钢板等。又因高锰钢为非磁性,也可用于制造既耐磨又抗磁化的零件,如吸料器的电磁铁罩等。

课题三　铸　铁

铸铁是指碳质量分数大于2.11%的铁碳合金。

铸铁的抗拉强度、塑性和韧性很差,但其生产设备、熔炼工艺简单、价格低廉,并具有较好的铸造性、减摩性和切削制造性能,因此在机械制造中得到了广泛的应用。

在汽车上约50%~70%的金属材料为铸铁。如CA141汽车发动机的主要零件汽缸体、汽缸盖、活塞环,以及变速器外壳、后桥壳和其他许多零件都采用铸铁材料。

一　铸铁的石墨化

影响铸铁组织和性能的关键是碳在铸铁中存在的形式、形态、大小和分布。

碳在铸铁中有两种存在形式。一种是游离态的石墨(G):石墨中碳的质量分数为100%,它很软,强度极低;另一种形式是渗碳体(Fe_3C),它是铁碳化合物,碳的质量分数为6.69%,硬度高、脆性极大,塑性和韧性几乎为零。

影响石墨化的主要因素是铸铁的化学成分和结晶过程中的冷却速度。

碳和硅是强烈促进石墨化元素,磷和铝等元素可促进石墨化进行,而锰和硫等元素则阻止石墨化的进行。

冷却速度愈慢,愈有利于石墨化的进行。在实际生产中,往往发现同一铸件厚壁处为灰铸铁,而薄壁处出现白口铸铁现象,这是因为铸铁结晶时,厚壁处由于冷却速度慢,有利于石墨化的进行,薄壁处由于冷却速度快,不利于石墨化的进行。

二 铸铁的分类

铸铁的分类如表2-35。

铸 铁 的 分 类　　　　　　　　表2-35

分类方法	组 织 特 点	名 称	性能及应用
按碳存在的形式	碳几乎全部以渗碳体形式存在,断口呈银白色	白口铸铁	硬而脆,很难切削加工,多用作炼钢原料(炼钢生铁)、可锻铸铁的坯件和不需要进行切削加工的耐磨损件,如轧辊、犁铧及采矿行业的耐磨件
	碳全部或大部分以石墨形式存在,断口呈暗灰色	灰铸铁	有一定的机械性能和良好的切削加工性,生产工艺简单,价格低廉,应用最广
	碳一部分以石墨形式存在,另一部分以渗碳体形式存在,断口呈黑白相间的麻点	麻口铸铁	有较大的硬脆性,工业上很少应用
按铸铁中石墨形态	石墨呈片状存在	灰铸铁	有一定的机械性能和良好的切削加工性,生产工艺简单,价格低廉,应用最广
	石墨呈球状存在	球墨铸铁	力学性能比灰铸铁高,通过热处理可进一步提高其力学性能,应用日益广泛
	石墨形态介于片状和球状之间	蠕墨铸铁	力学性能介于灰铸铁和球墨铸铁之间
	石墨呈团絮状存在	可锻铸铁	力学性能较灰铸铁高,接近于球墨铸铁

三 常用铸铁

(一)灰铸铁

灰铸铁含碳量较高(2.7%~4.0%),碳大部分或全部以片状石墨形态存在,断口呈灰色,简称灰铁。

❶ 灰铸铁的化学成分

灰铸铁的化学成分见表2-36所示。

灰铸铁的化学成分　　　　　　　　表2-36

灰铸铁的化学成分(%)				
C	Si	Mn	P	S
2.7~4.0	1.0~2.5	0.5~1.4	≤0.3	≤0.15

❷ 灰铸铁的牌号、性能和用途

我国灰铸铁的牌号表示方法为"HT×××","HT"表示"灰铁"汉语拼音的第一个字母,"×××"代表直径30mm单铸试样的灰铸铁的最低抗拉强度值(MPa)。

灰铸铁的牌号、性能和用途见表2-37。

灰铸铁的牌号、性能和用途　　　表2-37

牌　号	铸件壁厚(mm)	抗拉强度 σ_b(MPa)	用　途
HT100	2.5~10	≥130	主要用于承受低载荷和无特殊要求的一般零件,如盖、防护罩、手柄、支架、重锤等
HT100	10~20	≥100	
HT100	20~30	≥90	
HT100	30~50	≥80	
HT150	2.5~10	≥175	适用于承受中等载荷的零件,如支架、底座、齿轮箱、刀架、床身、管路、飞轮、泵体、汽车进排气歧管、变速器壳等
HT150	10~20	≥145	
HT150	20~30	≥130	
HT150	30~50	≥120	
HT200	2.5~10	≥220	用于承受较大载荷和较重要的零件,如汽缸体、齿轮、齿轮箱、机座、飞轮、活塞、联轴器、轴承座、汽车进排气歧管、气缸盖、变速器箱体、制动鼓等
HT200	10~20	≥195	
HT200	20~30	≥170	
HT200	30~50	≥160	
HT250	4.0~10	≥270	
HT250	10~20	≥240	
HT250	20~30	≥220	
HT250	30~50	≥200	
HT300	10~20	≥290	适用于承受高载荷的重要零件,如重型设备机身、机座、受力较大的齿轮、凸轮、高压油缸、滑阀壳体等
HT300	20~30	≥250	
HT300	30~50	≥230	
HT350	10~20	≥340	
HT350	20~30	≥290	
HT350	30~50	≥260	

从表2-37中可以看出,灰铸铁的强度与铸件的壁厚有关,同一牌号的铸铁,其抗拉强度随铸件壁厚的增加而降低。

图2-24为灰铸铁制造的零件举例。

❸ 灰铸铁的热处理

灰铸铁的热处理主要目的是消除铸造内应力和白口组织。常用热处理方法有：

去应力退火：将铸铁缓慢加热到500~560℃之间,保温几个小时后,随炉缓慢冷却到200~150℃,出炉空冷。

石墨化退火：将铸铁件加热到850~950℃之间,保温后随缓慢冷却至500~400℃出炉空冷。目的是消除白口组织,以降低硬度,提高切削加工性能。

表面淬火：目的是提高铸件的表面硬度和耐磨性,采用电阻加热等表面淬火方法进行表面淬火处理。

(二)球墨铸铁

球墨铸铁是在浇铸前,向一定成分的铁水中加入纯镁、稀土或稀土镁等球化剂进行球化处理后获得大部分或全部为球状石墨的铸铁,简称球铁。

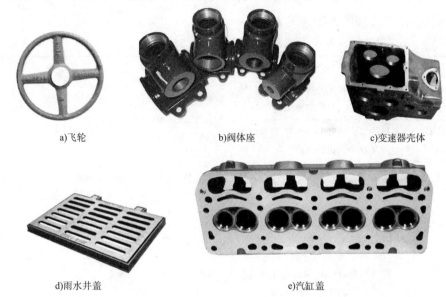

a)飞轮　　　　　　b)阀体座　　　　　　c)变速器壳体

d)雨水井盖　　　　　　e)汽缸盖

图 2-24　灰铸铁制造的零件举例

❶ 球墨铸铁的化学成分

球墨铸铁除铁外的化学成分通常为:含碳量 3.6～3.8%,含硅量 2.0～3.0%,含锰、磷、硫总量不超过 1.5% 和适量的稀土、镁等球化剂。

❷ 球墨铸铁的牌号和用途

球墨铸铁的牌号由"球铁"两字的汉语拼音字首"QT"加两组数字表示,两组数字分别表示最低抗拉强度和最小延伸率。如 QT400-18 表示最低抗拉强度为 400MPa 和最小延伸率为 18% 的球墨铸铁。

球墨铸铁的常用牌号和用途见表 2-38。

球墨铸铁的牌号和用途　　　　　　表 2-38

常用牌号	应　用　举　例
QT400-18	常用于制造承受冲击、振动的零件,如汽车、拖拉机的轮毂、驱动桥壳体、拨叉、阀体、阀盖、汽缸、齿轮箱、飞轮壳、差速器壳、辅助钢板弹簧支架等
QT400-15	
QT400-10	
QT450-10	
QT500-07	可制造承受载荷较大、受力较复杂的零件,如内燃机油泵齿轮、传动轴、机车车辆轴瓦、机械座架、飞轮、电动机架等
QT600-03	可制造承受载荷大、受力较复杂的零件,如柴油机、汽油机曲轴、凸轮轴、汽缸套、连杆、进排气阀座等
QT700-02	可制造承受载荷大、受力较复杂的零件,如曲轴、凸轮轴、缸体、缸套、轻负荷齿轮、部分磨床、铣床、车床的主轴、摇臂、后牵引支承座等
QT800-02	
QT900-02	可制造犁铧、耙片、汽车上的转向节、后桥弧齿锥齿轮、传动轴、拖拉机减速齿轮、凸轮轴、内燃机曲轴等零件

3 球墨铸铁的热处理

球墨铸铁的热处理的方法见表2-39。

球墨铸铁的热处理的方法　　　　　　表2-39

热处理方法		热处理过程	热处理目的	应　　用
退火	高温退火	将铸件加热到900~950℃,保温后随炉缓冷至600℃,出炉空冷	使铸铁获得良好的塑性和韧性,改善切削加工性能,消除铸造内应力	所有不再进行其他热处理的球墨铸件
	低温退火	将铸件加热到720~760℃,保温后随炉缓冷至600℃,出炉空冷		
正火		将铸件加热到860~920℃,保温后空冷	提高铸铁的强度、硬度和耐磨性	作为表面淬火的预先热处理
调质		将铸件加热到860~900℃,回火温度为550~600℃	使铸件获得良好的综合力学性能	如曲轴、连杆的处理
等温淬火		将铸件加热到860~900℃,保温后淬250~350℃的盐溶液中等温停留0.5~1.5h,然后空冷	使铸件获得较高的强度、硬度、韧性和较高的综合力学性能	如齿轮、凸轮轴等的处理

图2-25为球墨铸铁制造的零件举例。

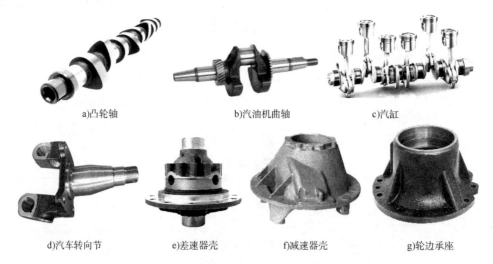

a)凸轮轴　　　　b)汽油机曲轴　　　　c)汽缸

d)汽车转向节　　e)差速器壳　　f)减速器壳　　g)轮边承座

图2-25　球墨铸铁制造的零件举例

(三) 可锻铸铁

可锻铸铁由白口铸铁退火处理后获得,石墨呈团絮状分布。其组织性能均匀,耐磨损,有良好的塑性和韧性。用于制造形状复杂、能承受强动载荷的零件。必须注意,可锻铸铁实际上是不能锻造的。

1 可锻铸铁的化学成分

可锻铸铁的化学成分见表2-40。

可锻铸铁的化学成分 表2-40

可锻铸铁的化学成分(%)				
C	Si	Mn	P	S
2.2~2.8	1.0~1.8	0.4~1.2	≤0.2	≤0.18

❷ 可锻铸铁的牌号、性能及用途

可锻铸铁按化学成分、退火工艺、性能和组织的不同,主要可分为黑心可锻铸铁和珠光体可锻铸铁两类。牌号中"KTH"表示"可铁黑"三字的汉语拼音字首,"KTZ"表示"可铁珠"三字的汉语拼音字首,后面加两组数字,分别表示抗拉强度和延伸率的最小值。如:

KTH300-06 表示抗拉强度为300MPa,最小延伸率为6%的黑心可锻铸铁。KTZ550-04 表示拉强度为550MPa,最小伸长率为4%的珠光体可锻铸铁。

可锻铸铁的常用牌号、性能及用途见表2-41。

可锻铸铁的常用牌号、性能及用途 表2-41

牌号及分级		试样直径 d(mm)	σ_b (MPa) ≥	$\sigma_{0.2}$ (MPa) ≥	δ (%)($l_0=3d$) ≥	性能及应用
A	B					
KTH300-06		12 或 15	300		6	具有良好的塑性与韧性,常用作汽车与拖拉机的后桥外壳、机床扳手、低压阀门、管接头、农具等承受冲击、振动和扭转载荷的零件
	KTH330-08		330		8	
KTH350-10			350	200	10	
	KTH370-12		370		12	
KTZ450-06			450	270	6	塑性和韧性不及黑心可锻铸铁,但其强度、硬度和耐磨性高,常用作曲轴、连杆、齿轮、摇臂、凸轮轴等要求强度与耐磨性较好的零件
KTZ550-04			550	340	4	
KTZ650-02			650	430	2	
KTZ700-02			700	530	2	

可锻铸铁制造的零件举例如图2-26所示。

(四)蠕墨铸铁

将灰口铸铁铁水经蠕化处理后获得,析出的石墨呈蠕虫状(图2-27)。力学性能与球墨铸铁相近,铸造性能介于灰口铸铁与球墨铸铁之间。

图2-26 可锻铸铁制造的零件举例

图2-27 蠕虫状石墨

1 蠕墨铸铁的化学成分

蠕墨铸铁的化学成分与球墨铸铁大致相同,不同的是蠕墨铸铁含钛的质量分数较高,可达 0.08%~0.20%,而残留镁和残留稀土的范围要求很严。

由于石墨呈蠕虫状,性能介于灰铸铁和球墨铸铁之间。同普通灰铸铁相比,蠕墨铸铁强度大约高 80%,刚度高 40%,疲劳强度是灰铸铁的 2 倍,质量可减少 10%~20%,寿命可提高 3 倍多。蠕墨铸铁因其良好的铸造性及工艺性,正成为汽车轻量化选用材料,被广泛应用于制造汽车活塞环、排气歧管、制动器零件、飞轮和支座等零件。

2 蠕墨铸铁的牌号、性能和应用

蠕墨铸铁的牌号由"RuT"+数字组成,其中"RuT"为蠕墨铸铁代号,后面的数字表示抗拉强度。如 RuT300 表示抗拉强度 σ_b 为 300MPa 的蠕墨铸铁。

蠕墨铸铁的牌号、性能和应用见表 2-42。

蠕墨铸铁的牌号、力学性能及用途   表 2-42

牌号	σ_b (MPa) ≥	$\sigma_{0.2}$ (MPa) ≥	δ (%)($l_0=5d$) ≥	HBS ≥	应用举例
RuT260	260	195	3	121~195	汽车底盘零件、增压器废气进气壳体等
RuT300	300	240	1.5	140~217	排气管、变速器壳体、汽缸体、液压件、纺织机零件、钢锭模等
RuT340	340	270	1.0	170~249	重型机床、大型齿轮箱体、机座、飞轮等
RuT380	380	300	0.75	193~274	活塞环、气缸体、制动盘、吸淤泵体、钢珠研磨盘等
RuT420	420	335	0.75	200~280	

蠕墨铸铁的应用举例见图 2-28。

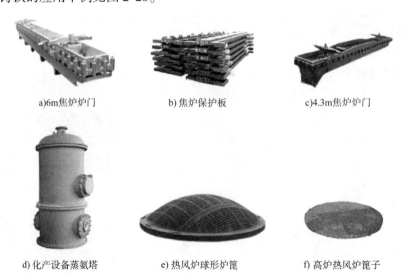

a) 6m焦炉炉门   b) 焦炉保护板   c) 4.3m焦炉炉门

d) 化产设备蒸氨塔   e) 热风炉球形炉箅   f) 高炉热风炉箅子

图 2-28 蠕墨铸铁的应用举例

(五) 合金铸铁

在普通铸铁中加入适量合金元素(如硅、锰、磷、镍、铬、钼、铜、铝、硼、钒、锡等)的铸铁称为合金铸铁。合金元素使铸铁的基体组织发生变化,从而具有相应的耐热、耐磨、耐蚀、耐低温或无磁等特性。

合金铸铁的分类、性能和用途见表2-43。

合金铸铁的分类、性能和用途   表2-43

分类	添加的合金元素及作用	性能	用途
耐热铸铁	Al、Si、Cr等,在铸铁表层形成氧化保护膜	高温时具有抗氧化能力	用于制造汽车进、排气门座及排气管密封环、炉条、换热器、加热炉底板等
耐磨铸铁	在珠光灰口铁中加P、Cr、W、Cu、Ti、Mo、V等,构成合金减摩铸铁	强度、韧度和耐磨性较高	用于制造有润滑条件下工作的零件,如机床导轨、汽车的汽缸套、活塞环等
耐磨铸铁	在普通白口铸铁中添加Cr、Mo、Cu、W、Ni、Mn等,形成抗磨白口铸铁	一定的韧性、更高的硬度和耐磨性	用于制造无润滑干摩擦条件下工作的零件,如犁铧、轧辊、球磨机等零件
耐蚀铸铁	Si、Al、Cr、Ni、Cu等提高耐蚀性	耐蚀性较高	主要用于化工机械,如管道、阀门、泵类、反应锅炉等

中德合资潍坊潍柴道依茨公司生产的226B系列柴油机,采用单体式汽缸盖,材料为合金铸铁,气门座圈材料为特种铸铁,湿式汽缸套由耐磨铸铁离心浇铸而成,如图2-29所示。

图2-30所示为高磷合金铸铁汽缸套。

图2-29 合金铸铁制造的226B系列柴油机

图2-30 高磷合金铸铁汽缸套

单元小结

(1) 钢铁材料概念,碳、合金元素及杂质元素对碳素钢性能的影响。

(2) 钢铁材料的分类、牌号、性能和用途。

(3) 钢的热处理概念、目的。

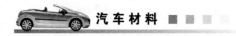

(4) 钢的热处理：

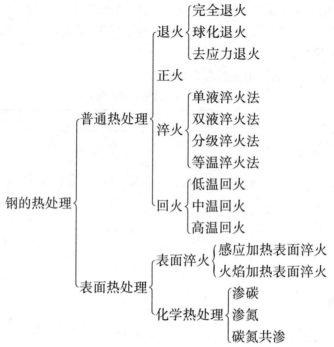

(5) 典型汽车材料的热处理工艺。

(1) 参观生产车间，写出汽车齿轮的加工工艺过程。并指出热处理工艺的作用。完成表 2-44。

汽车齿轮的加工工艺过程　　　　　表 2-44

序 号	加工工艺过程	热处理工艺的作用
1		
2		
3		
4		
5		
6		
7		
8		
9		
...		

(2) 参观生产车间和热处理车间，整理中、小型汽车半轴的加工工艺过程。完成表 2-45。

汽车半轴的加工工艺过程　　　　　　　　　　　　　　表2-45

序号	加工工艺过程	热处理工艺的作用
1		
2		
3		
4		
5		
6		
7		
…		

(3)参观生产车间和热处理车间,写出汽车钢板弹簧的热处理工艺,完成表2-46。

汽车钢板弹簧的热处理工艺　　　　　　　　　　　　　表2-46

序号	热处理工艺
1	
2	
3	
4	
…	

(4)到汽车生产车间参观收集汽车零件所使用的合金钢种类,完成表2-47。

汽车零件所使用的合金钢种类收集　　　　　　　　　　表2-47

序号	牌号	汽车零件名称
1		
2		
3		
4		
5		
6		
7		
8		
9		
10		
…		

(5)参观汽车生产车间,收集各种铸铁的应用资料,完成表2-48。

各种铸铁的应用资料　　　　　　　　　表2-48

序　号	牌　号	汽车零部件名称
1		
2		
3		
4		
5		
6		
…		

思考与练习

(一) 填空题

1. 当钢中的含碳量低于0.77%时,其含碳量越高,钢的硬度和强度也越高,而塑性和韧性则_____。当钢中的含碳量超过1.0%以后,钢的硬度仍将_____,脆性也_____。

2. 按钢的品质又分为_____和_____。

3. 碳素工具钢的碳含量范围为0.65%～1.35%,属于碳钢。碳素工具钢可用于各种_____、_____和_____的制造。

4. 碳素工具钢分为_____、_____和_____。

5. 碳素铸钢的牌号用"ZG+数字+数字"表示,ZG表示两字的汉语拼音的首写字母,两组数字分别表示铸钢的_____和_____。

6. 正火与退火的主要区别是正火的冷却速度稍____,得到的组织较____,强度和硬度有所____,操作简便,生产周期短,成本较低。

7. 生产中常用的淬火冷却介质有_____、_____或_____、_____等。

8. 常用的淬火方法_____淬火法、_____淬火法、_____淬火法、_____淬火法等。

9. 回火按加热温度不同可分为_____、_____和_____。

10. _____是把工件置于渗碳介质即渗碳剂中,加热到一定温度,保温一定时间,使碳原子渗入工件表层的化学热处理工艺。

11. 碳氮共渗是在一定温度下,将_____、_____同时渗入工件表层(以渗氮为主)的化学热处理工艺,称为碳氮共渗。常用的为_____。

12. 合金_____是指经过_____后使用的中碳_____。

13. 弹簧是在_____作用下工作,要求具备较高的_____和_____,良好的工艺性能和足够的塑性与韧性。

14. _____是用来制造轴承的滚动体和内、外圈的专用钢。

15. 合金工具钢常用来制造各种量具、模具或切削刀具,按用途可分为_____、_____和_____。

16. 专门用于制造冲压、模锻、挤压、压铸等模具的合金钢,称为_____。

17. 根据模具使用条件的不同将模具分为_____和_____,相应地合金模具钢也分为_____和_____。

18. 合金量具钢用来制造测量和检测工件尺寸的_____,它的工作部分要求具有高的_____和_____,还要求热处理变形_____,在使用过程中尺寸_____。

19. 材料在高温条件下兼有_____和_____的综合性能称为耐热性。

20. 特殊性能钢是指具有特殊_____或_____的钢。其种类很多,主要有_____、_____和_____。

21. 铸铁是指碳质量分数_____的铁碳合金。

22. 影响铸铁组织和性能的关键是碳在铸铁中存在的_____、_____、_____和_____。

23. 碳在铸铁中以两种形式存在:一种是_____,另一种形式是_____。

24. 影响石墨化的主要因素是_____和_____。

25. 灰铸铁中的石墨是以_____形态存在的。

26. 合金铸铁具有_____、_____、_____、_____或无磁等特性。

(二)判断题

1. 碳素工具钢的牌号表示方法:T表示钢的种类,后面的数字表示含碳的平均质量的百分数。( )

2. 碳素钢的含碳量一般在0.15%~0.60%范围内,含量碳量过高则塑性很差,具有较大的应力和冷裂倾向,不适于锻造。( )

3. 退火可以提高工件的硬度,降低钢的塑性和韧性,以利于切削加工。( )

4. 退火可以消除前一工序过程中产生的残余应力,以防工件变形与开裂。( )

5. 淬火是将钢加热到淬火临界温度 Ac_1 或 Ac_3 以上30~50℃,保留一定时间后缓慢冷却(水冷或油冷)的热处理工艺。( )

6. 淬火对于工具钢主要目的是获得相应的组织结构以提高钢的硬度,以保证刀具的切削性能和工具的耐磨性。( )

7. 对于中碳钢,淬火后硬度提高,但韧性不能提高,所以淬火后必须进行回火才能同时提高强度和韧性。( )

8. 回火的目的是消除或减少淬火内应力,稳定工件尺寸,并获得工件所要求的力学性能。( )

9. 通过渗碳及随后的淬火和低温回火,使工件表面获得高强度、高耐磨性和良好的抗疲劳性能,而心部获得较高的强度和良好的韧性。( )

10. 轴承零件要具有高的硬度和高的耐磨性。( )

11. 只有刃部的硬度大大高于被加工材料硬度时,才能顺利进行切削。( )

12. 合金渗碳钢具有外韧内硬的性能,用于承受冲击的耐磨件。( )

13. 当磨损量超过所规定的尺寸范围时,刃部就丧失了切削能力,刀具便不能继续

使用。( )

14. 能抵抗空气、蒸汽、水等弱腐蚀介质腐蚀的钢称为耐酸钢;而将耐化学介质腐蚀(酸、碱、盐等)的钢称为不锈钢。( )

15. 普通不锈钢一般耐化学介质腐蚀,而耐酸钢则一般不具有不锈性。( )

16. 热强钢是指在高温下具有良好的抗氧化性能并具有较高的高温强度的钢。( )

17. 在强烈的冲击、挤压和严重磨损的作用下,产生硬化从而具有良好耐磨性的钢,称为耐磨钢。典型的耐磨钢为高锰耐磨钢,简称高锰钢。( )

18. 合金结构钢前两位数字表示含碳量的千分数,合金元素直接用化学符号(或汉字)表示,后面的数字表示合金元素平均含量的百分数。( )

19. 碳和硅是促进石墨化元素,磷和铝等元素可促进石墨化进行,而锰和硫等元素则强烈促进石墨化的进行。( )

20. 冷却速度愈慢,愈有利于石墨化的进行。( )

21. 可锻铸铁就是指可以锻造的铸铁。( )

22. 石墨由于含有100%的碳,所以其力学性能比较高。( )

23. 球墨铸铁往往比灰铸铁有着更好的力学性能。( )

24. HT150,HT300可浇注的铸件最小壁厚相同。( )

25. 蠕墨铸铁因其良好的铸造性及工艺性,正成为汽车轻量化选用材料。( )

26. 蠕墨铸铁力学性能与球墨铸铁相近,铸造性能介于灰口铸铁与球墨铸铁之间。( )

(三)选择题

1. 用45钢制作的凸轮轴锻件在机加工前应采用( )处理。
   A. 淬火+回火   B. 正火   C. 完全退火

2. 汽缸体在铸造后要进行退火,用得最普遍的是进行( )。
   A. 完全退火   B. 球化退火   C. 去应力退火

3. 用40Cr钢制成的缸盖螺栓,要求具有良好的综合力学性能,最终热处理是( )。
   A. 淬火   B. 淬火加中温回火   C. 淬火加低温回火   D. 调质处理

4. 为了保证气门弹簧的性能要求,65Mn钢制造的气门弹簧最终要进行( )处理。
   A. 淬火   B. 淬火加中温回火   C. 淬火加低温回火   D. 调质处理

5. 在炮弹钢中加入较多的( ),可使炮弹爆炸时的碎片增多,提高杀伤力。
   A. 磷   B. 硫   C. 硅   D. 锰

6. 碳素工具钢都是( ),因此具有高硬度和高耐磨性。
   A. 高碳钢   B. 低碳钢   C. 中碳钢

7. 为提高锻压性和避免淬火开裂,碳素工具钢对有害杂质控制较严,所以属于( )。
   A. 普通碳素钢   B. 优质碳素钢   C. 高级优质碳素钢

8. 合金结构钢有( ),合金工具钢有( )。
   A. 40MnB   B. 15Cr   C. 65Mn   D. CrWMn

E. 9SiCr

9. 低合金结构钢有( )。
   A. 20CrMnTi　　B. 16Mn　　C. 65Mn　　D. 9SiCr

10. 特殊性能钢有( ),碳素结构钢有( ),合金调质钢有( ),合金结构钢有( )。
    A. 45　　B. 1Cr13　　C. 50Mn2　　D. 9SiCr
    E. 50Mn2B　　F. 4Cr9Si2

11. 合金结构钢包括( )、( )、( )、( )和( )。
    A. 高速钢　　B. 模具钢　　C. 合金渗碳钢　　D. 合金调质钢
    E. 耐热钢　　F. 合金弹簧钢　　G. 滚动轴承钢　　H. 低合金结构钢

12. 要使钢达到耐腐蚀性的目的,钢中含铬量( ),常用不锈钢有( )和( )两种。
    A. 等于1.5%　　B. 大于13%　　C. 等于18%　　D. 铬不锈钢
    E. 铬镍不锈钢

13. 与钢相比,铸铁工艺性能的突出优点是( )。
    A. 可焊性好　　B. 淬透性好　　C. 铸造性好　　D. 切削加工性能好

14. 铸铁是含碳量大于( )的铁碳合金。
    A. 2.11%　　B. 0.77%　　C. 4.3%

15. 普通灰铸铁的力学性能主要取决于( )。
    A. 基体组织　　　　　　　　B. 石墨的大小和分布
    C. 热处理方法　　　　　　　D. 石墨化程度

16. 机床床身、机器底座应选用( )。
    A. 白口铸铁　　B. 麻口铸铁　　C. 灰铸铁　　D. 球墨铸铁

17. 提高灰铁铸件的表面硬度和耐磨性应选用( )。
    A. 去应力退火　　B. 石墨化退火　　C. 表面淬火　　D. 调质处理

(四)问答题

1. 写出下列钢牌号的含义:
Q215—A·F:
Q275—D:
20钢:
T8:
T12A:
ZG230—450:
55Si2Mn

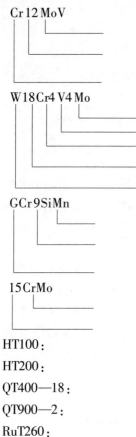

HT100：

HT200：

QT400—18：

QT900—2：

RuT260：

KTH300—06：

KTZ700—02：

2. 什么是回火？回火的目的是什么？

3. 什么是渗氮处理？试述渗氮的目的。

4. 合金刃具钢应具有哪些性能？

5. 什么叫合金铸铁？它有哪些特性？

6. 请分析同一铸件厚壁处为灰铸铁，而薄壁处出现白口铸铁现象的原因。

7. 为什么可锻铸铁宜制造壁厚较薄的零件？而球墨铸铁却不适宜制造壁厚较薄的零件？

8. 根据所具备的特殊性能，合金铸铁可分为哪几种？

单元三　有色金属材料

 学习目标

1. 叙述铝、铜、镁及其合金的概念；
2. 了解铝合金、铜合金、镁合金的分类；
3. 掌握铝、铜、镁及其合金的性能、特点；
4. 正确认识铝合金、铜合金、镁合金在汽车上的使用和具体应用位置；
5. 了解其他有色金属在汽车上的应用。

 建议课时

20 课时。

课题一　铝及铝合金

铝元素是自然界中储存量最丰富的金属元素之一，单质金属铝及铝合金属于轻金属，是一类十分重要的金属材料。由于铝及铝合金具有许多优良性能，目前在汽车工业中使用量在逐年提高，已成为汽车工业中的重要材料。有资料表明，用铝合金结构代替传统钢结构，可使汽车质量减轻30%～40%，制造发动机可减轻30%，制造车轮可减轻50%。采用铝合金是汽车轻量化及环保、节能、提速和运输高效的重要途径之一。

一　纯铝

纯铝是一种银白色金属，其纯度为98%～99.7%，熔点为660℃，密度为2.7g/cm³。纯铝板如图3-1所示，主要特点有：

图3-1　纯铝板

(1)良好的导电、导热性。

(2)质量轻。铝的密度仅为铜或铁的1/3,在飞机、船舶、车辆等运输机械及建筑、土木等方面起着轻量化的作用。

(3)良好的抗氧化性。铝在大气中由于表面易氧化形成致密而稳定的AL_2O_3氧化膜,所以抗氧化性能良好。

(4)良好的加工性。由于铝的熔化温度低,流动性好,决定了其良好的加工性能。适合多种成形方法,易于制造各种复杂形状的零件,并且可以重复回收利用。

(5)良好的低温性。在低温状态下,铝比普通钢材的塑性强,即使在极低温度情况下也不会出现"低温脆性"。

(6)容易再生。铝的废料再生比其他金属容易得多,废料价值较高,可有效防止废料污染,提升资源利用率。

纯铝因其强度低,切削加工性差,可焊性差等特点,在汽车工业中一般不作为结构材料使用。其主要用途是生产电器工业上的电线、电缆等,以及用来制作各种铝合金。

二　铝合金

铝合金是指在纯铝中加入适量的Si、Cu、Mg、Mn等元素后组成的合金。铝合金按加工特点和化学成分的不同,可分为变形铝合金和铸造铝合金两类。

1　变形铝合金

变形铝合金是通过冲压、弯曲、轧、挤压等工艺使其组织、形状发生变化的铝合金,所以又称压力加工铝合金。这类铝合金的特点是塑性好,可进行冷热状态下的加工。可分为防锈铝合金、硬铝合金、超硬铝合金和锻造铝合金等。特点及用途见表3-1。

各类变形铝合金的特点及用途　　　　表3-1

类别	特点	主要用途
防锈铝合金	耐蚀性好、塑性好、强度低(但高于工业纯铝)、可焊性和压力加工性好,具有较好的抛光性,光泽可长期保持等特点。但不能热处理,只能用加工硬化提升强度	主要用于制造耐腐蚀性好容器及车辆装饰,及承受低载荷零件和焊接件。如铆钉、油箱、油管等
硬铝合金（又称杜拉铝）	经热处理后强度很高,具有较好的耐热性,但耐蚀性差。(常在其表面包一层纯铝以改善耐蚀性)	主要用作航空发动机材料,以及用于承受高载荷的零件和构件
超硬铝合金	经热处理后可获得比硬铝合金更高的强度,是目前常温下最高强度的铝合金。但其高温强度和冲压性较差,耐蚀性比硬铝合金更低	主要用于制造飞机结构中的重要材料,如飞机大梁等承重件和承受高载荷零件
锻造铝合金	具有良好的锻造性能、热塑性和较高的力学性能	主要用于航空及仪表工业中形状复杂、强度要求高、密度较小的锻件

② 铸造铝合金

铸造铝合金简称铸铝,是指可用金属铸造成形工艺直接获得零件的铝合金。铸造铝合金有良好的铸造性能,可浇注成各种形状复杂的铸件,在汽车上应用较多。常用的铸铝合金有铝硅系合金、铝铜系合金、铝镁系合金以及铝锌系合金四大类。分类、特点及用途见表3-2。

铸造铝合金的分类、特点及用途　　　　表3-2

类　别	特　点	主　要　用　途
铝硅系铸铝合金	是目前应用最广泛的一种,俗称硅铝明。具有良好的铸造性能,还具有密度小、抗腐蚀能力强、力学性能好等优点	广泛用于制造形状复杂的零件。如:汽车汽缸盖罩、发动机活塞、气门挺杆室盖板、离合器壳体等
铝铜系铸铝合金	这是一种较陈旧的铸造铝合金,其铸造性不好、耐蚀性也不及硅铝系合金,在室温下的强度、塑性较好	可用于制作300℃以下工作零件;或用于高温下不受冲击的零件制造
铝镁系铸铝合金	最大特点是抗腐蚀性好、密度小、强度和韧性高,切削加工性好,但其铸造性能差,易氧化和产生裂纹	主要用于制作受冲击载荷、耐海水腐蚀、外形不太复杂的零件,如发动机缸体、起动机架等
铝锌系铸铝合金	具有良好的铸造性能、切削加工性、焊接性及尺寸稳定性,但耐腐蚀性差、密度大、热裂倾向大	常用于制作医疗器械、汽车、飞机零件等

三　铝合金在汽车上的应用

铝是人们熟悉的金属,在汽车领域中,轻便坚固的铝已成为第三大汽车制造材料。

最早把铝材运用到汽车上的是印度人,据记载,1896年印度人率先用铝制造了汽车曲轴箱。20世纪初期,铝在制造豪华汽车和赛车上有一定的应用,铝制车身的汽车开始出现,如亨利·福特的Model T型汽车和20世纪二三十年代欧洲赛车场上法拉利360赛车都是铝制车身。

1996年,奥迪公司就推出了全铝结构的奥迪A8轿车,使得轿车车身质量减少了约40%(图3-2)。随后,丰田、福特等汽车公司也推出了铝车身,使得轿车车身呈现向铝车身发展的趋势。

汽车用铝合金可分为铸造铝合金和变形铝合金。铸造铝合金在汽车上的使用量最多,占80%以上。变形铝合金包括板材、箔材、挤压材、锻件等。世界各国工业用铝合金材料的品种构成虽然有一定的差异,但大体是相同的。其品种构成:铸件占80%左右,锻件占1%~3%,其余为加工材料。

图3-2　奥迪A8全铝车身框架

(一)铸造铝合金的应用

铸造铝合金具有优良的铸造性能。可根据使用目的、零件形状、尺寸精度、数量、质量标准、机械性能等各方面的要求和经济效益选择适宜的合金和合适的铸造方法。铸造铝合金主要用于铸造发动机汽缸体、离合器壳体、后桥壳、转向器壳体、变速器、配气机构、机油泵、水泵、摇臂盖、轮毂、发动机框架、制动钳、油缸及制动盘等。以下列举几种铝合金在汽车零件上的应用。

1 汽车发动机用铝合金

汽车发动机用铝合金制造轻量化最为明显,一般可减重30%以上,另外,发动机的汽缸体和缸盖均要求材料的导热性能好、抗腐蚀能力强,而铝合金在这些方面具有非常突出的优势,因此各汽车制造厂纷纷进行发动机铝材化的研制和开发。目前国外很多汽车公司已采用了全铝制的发动机汽缸体(图3-3)和汽缸盖。如美国通用汽车公司已采用了全铝汽缸套;法国汽车公司铝汽缸套已达100%,铝汽缸体达45%;日本日产公司VQ和丰田公司的雷克萨斯1MZ-FE V6发动机均采用了铸铝油底壳;克莱斯勒公司新V6发动机汽缸体和缸盖都使用了铝合金材料。

图3-3 发动机铝合金缸体

2 铝合金轮毂

铝轮毂(图3-4)因为质量轻、散热性好,并具有良好的外观,而逐渐取代了钢轮毂。平均每个铝合金轮毂比相同尺寸的钢轮毂轻2kg。根据日本的实验,5座轿车质量每减轻1kg,一年约节约20L汽油,可有效地降低油耗。由于铝合金的热传导系数是钢的3倍,散热效果好,长途行车能使轮胎温度保持在一定范围,降低爆胎概率。

3 活塞

发动机的活塞(图3-5)是发动机中的主要配件之一,它与活塞环、活塞销等零件组成活塞组,与汽缸盖等共同组成燃烧室,承受燃气作用力并通过活塞销和连杆把动力传给曲轴,以完成内燃发动机的工作过程。由于活塞处于一个高速、高压和高温的恶劣工作环境,又要考虑发动机

图3-4 铝合金轮毂

的运行平稳及耐用,因此既要求活塞必须要有足够的强度和刚度,又要求其导热性好,耐热性高,膨胀系数小(尺寸及形状变化要小),相对密度小,耐磨及耐腐蚀,并且成本要低。由于要求多而高,有些要求互相矛盾,很难找到一个能够完全满足各项要求的活塞材料,因为铝合金材具有密度小,导热性好的突出优点能较大程度满足上述要求,所以现代发动机的活塞普遍用铝合金制造。

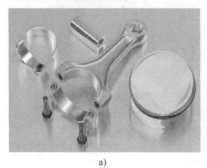　　　　　　　　　　

a)　　　　　　　　　　　　　　　　b)

图 3-5　发动机活塞

(二)变形铝合金的应用

变形铝合金在汽车上主要用于制造车门、行李舱、车身面板、保险杠、发动机罩、车轮的轮辐、轮毂罩、轮外饰罩、制动器总成的保护罩、消声罩、防抱死制动系统、热交换器、车身构架、座位、车厢地板等结构件以及仪表板等装饰件。

1　车身板件用铝合金

车身上面板可用防锈铝或硬铝生产,如车门、发动机罩、行李舱盖、地板和翼子板等。经热处理铝合金板材,能够很好地满足汽车对壳体的要求,可用做车身框架材料。

车身外覆盖件是由铝合金板冲压加工制造而成的,它比钢板的厚度要增加20% ~ 25%。(图3-6)

近几年,采用高强度铝合金开发的薄板和中空型材,不仅质量轻、强度高、抗裂性能好,而且成形性能好,在汽车上得到了广泛的应用(图3-7)。

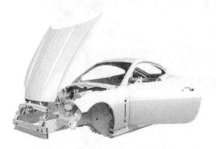　　　　　　　　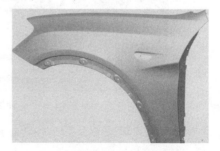

图 3-6　车身外铝合金覆盖件　　　　　图 3-7　宝马汽车铝合金翼子板

2　其他铝合金结构件

铝合金也被广泛应用于汽车的其他部位,如:美国通用汽车公司和福特汽车公司用7021铝板制造轿车保险杠增强支架。有些汽车的悬架也应用了铝合金材料,有效减小了相应零部件的质量,提高了汽车行驶的平顺性、稳定性,如图3-8所示。此外,铝合金也广泛用于汽车空调系统。

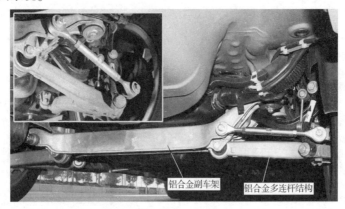

图3-8　铝合金悬挂

(三) 新型铝合金在汽车上的应用

1　泡沫铝合金

泡沫铝合金是一种在金属基体中分布有无数气泡的多孔材料,这种材料的质量更轻、强重比更高,并具有较高的吸能特性、较高的阻尼特性和吸振特性。将泡沫铝填充于两个高强度外板之间制成的三明治板材,在用于车身顶盖板时,可提高刚度、轻量化并改善保温性能,用在保险杠(图3-9)、纵梁和一些支柱零件上时,可以增加撞击吸能的能力,在轻量化的同时,提高了撞击安全性。

图3-9　泡沫铝合金的应用

2　快速凝固铝合金

快速凝固条件下(冷速达 $10^4 \sim 10^9$ ℃/s),材料将引起一些组织结构上的新特征:超细化的微观组织;提高合金的固溶度极限;成分的高度均匀、少偏析或无偏析等。基于这些特征,快速凝固铝合金必然会在汽车行业得到应用。Sumitomo 电器公司利用快速凝固高硅铝合金代替烧结钢,大批量制造汽车空调压缩机转子和叶片,使转子质量减小60%,整个压缩机质量减轻40%;雅马哈汽车制造公司生产的快速凝固高硅铝合金活塞也投入市场,这种活塞与普通铸铁相比,质量减小了20%,寿命提高了30%,而且显著降低了噪声,减少污染;马自达汽车公司利用喷射沉积合金制造了一种新型发动机转子,提高了发动机效率,能节油20%。

此外,以陶瓷纤维、晶须、微粒等为增强材料生产的铝基复合材料,其强度、耐热性、耐磨性等大幅度提高,可用做发动机零件。如用粉末冶金法研制成功的 Al_2O_3 或 SiC 颗粒(晶须)增强的铝硅系合金活塞,在保留铝硅合金活塞优点的同时,可进一步改善活塞的强度、耐磨性、耐热性和抗疲劳性能,用于汽车发动机上;颗粒增强铝基复合材料还可用于制造车辆发动机的汽缸体、活塞和连杆等零件。

课题二 铜及铜合金

铜是人类最早使用的金属材料,与其他金属不同,铜在自然界中既以矿石的形式存在,也同时以纯金属的形式存在,其应用以纯铜为主,同时其合合金已也在工业等多个领域中广泛应用。现在,铜及铜合金已是汽车工业中不可或缺的材料了。

一 纯铜

工业用纯铜(图3-10),其新鲜表面为玫瑰红色,当表面由于氧化形成氧化亚铜膜后呈现紫色,所以又称紫铜,其密度为 $8.9g/cm^3$,熔点 1 083℃。

紫铜具有良好的导热、导电、耐蚀及可焊性能,并可冷、热压力加工成各种半成品,广泛应用于制作各种导电、导热、耐蚀等器材。其主要性能特点有:

(1)优良的导电、导热性。铜的导电、导热性仅次于银,居金属第二位,广泛应用与制作电线、电缆、散热器管、冷凝器管等。

(2)良好的耐蚀性。在常温下,铜很难和干燥空气中的氧

图3-10 纯铜

气发生反应,但其能与 CO_2、SO_2、醋等发生反应,生成碱式碳酸铜、碱式硫酸铜、碱式醋酸铜(俗称铜绿),从而形成一层保护膜。

(3)良好的塑性。如,铜可以加工成细如头发丝的铜丝。

二 铜合金

纯铜一般不直接制作各种构件,工业上广泛采用的是铜合金。常用的铜合金根据加入的元素不同可分为黄铜、青铜和白铜三类。一般工业机械中常用的是黄铜和青铜,而白铜用于制造精密仪器的耐蚀件及电阻器、电热偶等材料。

1 黄铜

在纯铜中加入锌元素组成的合金称为黄铜,含锌量为35%~40%。黄铜按化学成分的不同又分为普通黄铜和特殊黄铜,按加工工艺不同可分为压力加工黄铜和铸造黄铜,黄铜的分类、特点及用途见表3-3。

黄铜的分类、特点及用途   表3-3

类别	特点	主要用途
普通黄铜	有较高的强度和冷热变形加工能力,并具有良好的塑性、导热性、耐蚀性和可焊性	常用来制作汽车上的散热器、分水管、汽油滤清器芯、管子接头等零件
特殊黄铜	根据加入元素不同使得其具有不同的性能特点:铅使黄铜的力学性能变差,但却能改变其切削加工性,硅能提高黄铜的强度和硬度,锡能提高黄铜的硬度和在海水中的耐蚀性	主要应用在汽车上易受磨损的零件,如转向节衬套、钢板弹簧衬套及离合器等轴的衬套(图3-11)

图3-11 黄铜制衬套

❷ 青铜

青铜原指铜锡合金,现在把黄铜和白铜以外的合金统称为青铜。根据化学成分的不同又可以分为锡青铜和无锡青铜。无锡青铜根据所添加的元素不同又可分为铝青铜、铍青铜和硅青铜等。无锡青铜具有较高的强度、耐磨性及良好的耐蚀性和铸造性,有些还具有很高的导热性和热强性,是锡青铜很好的代用品,青铜的分类、特点及用途见表3-4。图3-12为部分青铜零件。

青铜分类、特点及用途   表3-4

类别	特点	主要用途
锡青铜	具有良好的耐蚀性、良好的强度、硬度和铸造性,收缩率在有色金属中最低,但其致密性较差	常用于制造轴承、涡轮等耐磨零件以及制作形状复杂、壁厚较大的零件
铝青铜	具有可与钢相比的强度,高韧性和高耐疲劳强度,耐蚀、耐磨,受冲击时不产生火花,铸造生产的零件致密性好	常用来制造重要的齿轮、摩擦片、轴承套等对耐磨、耐蚀要求较高的零件
铍青铜	通过淬火加时效处理后,具有很高的强度和硬度,可以与高强度钢媲美;它的弹性极限、疲劳极限、耐磨性、抗腐蚀性也很高;还具有良好的导电性、导热性、耐寒、无磁,受冲击时不产生火花等诸多优点,但其价格昂贵	主要用于制造重要的弹性元件、耐磨件及其他重要零件,如仪表齿轮、弹簧、电焊机电极及防爆工具等
硅青铜	具有较高的力学性能和较低的价格,铸造性和冷热变形加工性好	主要用于航空工业长距离架空的电话线和输电线等

三 铜合金在汽车上的应用

在轿车上由于纯铜强度和硬度低,不宜制作结构件。通常利用铜的导电性和导热性制造导线、电缆、电极和电器零件(图3-13)以及制造散热片等需要热传导的零部件。在汽车工业所用的有色金属材料中,铜合金使用量仅次于铝合金。汽车上用的各类热交换器、散热器、耐磨零件、电器元件等都是由铜合金型材通过深加工而来。

单元三 有色金属材料

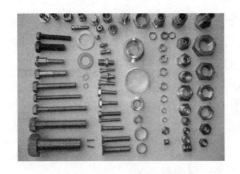

图3-12 部分青铜零件

图3-13 铜在汽车发电机上的应用

(一) 黄铜在汽车上的应用

黄铜由于具有很强的冷热变形加工能力、良好的导热性、耐蚀性和可焊性等特点,在汽车上常用于制作各类衬套(图3-14)、轴套等耐磨件,以及散热器、冷凝器、冷却管、节温器等,并且还用于制作装饰件、冷却液管道、各型垫片等。以下列举几种典型的以黄铜为主要构件制作的车用零件。

1 汽车发动机散热器

汽车上散热器主要有发动机散热器(如图3-15所示)、机油散热器、暖风散热器以及中冷器等,其中以发动机散热器铜合金使用量最多且最具代表性。散热器是现代汽车发动机冷却系中的主要部件,通过散热器的工作,使发动机正常工作时冷却液的温度保持在 85 ~

图3-14 黄铜制连杆衬套

105℃之间。通过发动机冷却系工作原理可知,散热器一般处于汽车前部,经常要经受风吹雨打,而且冷却液长期留在散热器管中反复热循环,易造成管路腐蚀。所以在散热器材料选用上须有一定要求,即良好的导热性;较强的抗腐蚀性;良好的加工性及钎焊性能;良好的经济性。

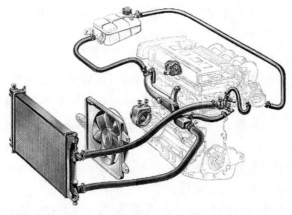

图3-15 铜质发动机散热器

每辆汽车用铜量 10~20kg,因汽车类型和大小而异。对于小轿车约占自重的 6%~9%。现代的管带式散热器(图 3-16),用黄铜带焊接成散热器管子,用薄的铜带折弯成散热片。为了进一步提高铜散热器的性能,增强它对铝散热器的竞争力,作了许多改进。在材质方面,向铜中添加微量元素,以达到在不损失导热性的前提下,提高其强度和软化点,从而减薄带材的厚度,节省用铜量;在制造工艺方面,采用高频或激光焊接铜管,并用铜钎焊代替易受铅污染的软焊组装散热器芯体。与钎焊铝散热器相比,在相同的散热条件下,即在相同的空气和冷却剂的压力降下,新型铜散热器的质量更小,尺寸显著缩小;再加上铜的耐蚀性好、使用寿命长,铜散热器的优势就更明显。

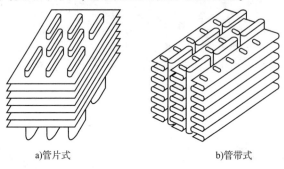

a)管片式　　　　b)管带式

图 3-16　传统管片式散热器与现代管带式散热器

2 节温器

节温器(图 3-17)是根据冷却水温度的高低自动调节进入散热器的水量,改变水的循环范围,以调节冷却系的散热能力,保证发动机在合适的温度范围内工作。节温器必须保持良好的技术状态,否则会严重影响发动机的正常工作。如节温器主阀门开启过迟,就会引起发动机过热;主阀门开启过早,则使发动机预热时间延长,使发动机温度过低。

图 3-17　节温器

由于节温器安装在发动机上部出水口处,长期浸泡在冷却液中。根据节温器的工作特点及工作环境要求节温器外壳选材需具有良好的热传导性和较强的耐腐蚀性,因此,铜合金材料常成为节温器外壳首选材料。

(二)青铜在汽车上的应用

青铜在汽车上主要用作耐磨零件的制作。锡青铜常用来制造出水阀弹簧、发动机摇臂衬套、连杆衬套等。无锡青铜根据其添加的元素不同呈现不同的特点,应用也有所不同,如铝青铜可制作轴套、齿轮、涡轮,铅青铜制作轴承、曲轴推力垫圈,锡青铜制作弹性敏感元件等。

青铜在汽车应用中较为典型的零件——变速器同步器锥(齿)环。同步器(图 3-18)是现代手动挡汽车变速器中的重要部件,其作用是保证汽车在行驶时换挡平顺、无冲击、延长齿轮和传动系中零件的使用寿命,操纵方便,使汽车在起步和换挡时的加速性和经济性得到改善。根据同步器在汽车变速器中的作用及工作情况,对锥(齿)环的材料也提出了相应要求,除了耐磨性好之外,还要求对齿轮油有较好的耐油性,高而稳定的摩擦系数,以及较高的强度与锥盘材料相匹配的硬度和优良的制造工艺性能等。因此大多选用耐磨铜合金材料,如高强度黄铜、锡青铜、铝青铜等。

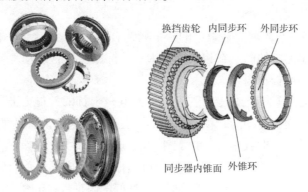

图 3-18　同步器

课题三　镁及镁合金

镁(Mg)是一种轻质的银白色金属,在空气中加热能够燃烧并能发出强烈的火焰,节日放的烟花就含有镁粉,在夜幕中会爆发出闪闪发亮的礼花。但在镁材中添加一些其他的金属元素,例如铝、锌或者铝、锰等,它就会改变了自己的特征,变成了一种具有较高强度和刚度,具有良好铸造性能和减振性能的轻质合金材料,这些镁合金材料在现代汽车中已得到广泛的应用。

一　纯镁

工业纯镁的含镁量为 99.85% ~ 99.95%,是一种年轻的金属,20 世纪才发展起来。它呈银白色,熔点 649℃,质量轻,密度为 $1.74g/cm^3$,约为铜的 1/4、铝的 2/3;其化学活性强,与氧的亲和力大,常用做还原剂,去置换钛、锆、铀、铍等金属。镁的主要性能特点有:

(1)在空气中很易燃烧,燃烧时发出炫目的白光。

(2)镁与氟化物、氢氟酸和铬酸不发生作用,也不受苛性碱侵蚀,但极易溶解于有机和无机酸中。

(3)镁能直接与氮、硫和卤素等化合。金属镁无磁性,且有良好的热消散性。

二　镁合金

在镁材中添加一些其他的金属元素,例如铝、锌或者铝、锰等,它就会改变自己的特征,变成了一种具有较高强度和刚度,具有良好铸造性能和减振性能的轻质合金材料。这些镁合金材料在现代汽车中已得到广泛的应用。

① 镁合金的性能特征

(1)质量轻。镁在 20℃时的密度只有 $1.739g/cm^3$,比铝、锌、铁的密度分别低 36%、

73%和78%,镁基合金是目前所有应用的工程材料中质量最轻,也是比强度最高的金属材料。

作为轻质合金,镁基合金广泛地应用在一些对重量特别敏感的手提工具、体育器材以及汽车轻量化材料使用上。

(2)抗振能力强。与当前用途最广的轻金属铝合金相比,镁合金不但轻,而且抵抗振动和降低噪声能力也非常的高。在相同应力水平下抗振衰减能力大大高于铝合金。镁合金是一种非常理想的减振材料。

(3)抗干扰性强。镁合金还具有很高的屏蔽电磁干扰的性能。此外,镁合金还是非常易于回收的材料。镁合金的熔化潜热比铝合金还要低,熔炼消耗的能量低。镁合金与现代化紧密相连,被冠以"时代金属"和"21世纪金属"的称号。

(4)其他特征。良好的耐蚀性,熔点低,有良好的压铸成型性能,铸件及加工尺寸精度高,可铸造薄壁件以及比铝、铁更复杂的零件;良好的阻尼性;100%可回收再利用;对环境无污染,被誉为"21世纪的绿色金属结构材料"。

2 镁合金的分类

镁合金可分为铸造镁合金和变形镁合金两大类。目前常用的镁合金主要有镁—锰系、镁—铝系、镁—锌系等。(见表3-5)

常用镁合金的分类、性能及用途　　　表3-5

类别	性能	主要用途
镁—锰系合金	加入锰元素主要是改善纯镁的抗腐蚀性,其抗蚀性和焊接性能优于其他镁合金	主要用于生产板材、棒带、带材半成品及锻件;制造受力不大而要求高塑性、焊接性和耐蚀性的飞机零件;制造承受中等载荷零件等
镁—铝—锌系合金	强度高,可通过热处理强化,并具有良好的铸造性能;但抗蚀性不如镁—锰系合金,屈服强度和耐热性较低	镁—铝—锌系变形合金具有优良的热塑性变形能力和适中的焊接性,主要用于生产形状复杂的锻件和热挤压棒材;镁—铝—锌系的铸造合金具有较好的铸造性能和较高的力学性能,广泛应用于形状复杂的大型铸件制造和制作受载荷较大的飞机及发动机零件。
镁—锌—锆系合金	与其他两种镁合金比较,镁—锌—锆系合金形成组织疏松的倾向性小,铸造性能较好,屈服极限较高且热塑性变形能力大;可用作高强度铸造合金和变形合金	主要用于制造航空工业中的高强度、受冲击载荷大的零件;工作温度较高(200℃以下)的零件;受载荷较大的零件

三 镁合金在汽车上的应用

从历史上看,早在20世纪30年代就有大众汽车使用镁合金,由于镁的价格上升,耐蚀性差才停止了使用。80年代初,由于采用新工艺,严格限制了铁、铜、镍等杂质元素的含量,使镁合金的耐蚀性得到了解决,同时成本下降又大大促进了镁合金在汽车上的应用。从90年代开始,欧美、日本、韩国的汽车制造商都逐渐开始把镁合金用于许多汽车零件上。目前镁合金一般用于车上的座椅骨架、仪表盘、转向盘和转向柱、轮辋、发动机汽缸盖、变速器壳、离合器壳等零件,其中转向盘和转向柱、轮圈是应用镁合金较多的零件。

我国的汽车工业发展中镁合金的应用比例也在不断增加。上海大众的桑塔纳轿车率先在国内开始使用镁合金变速器壳体,并实现了批量化生产;一汽大众公司生产的捷达、奥迪轿车有相当数量的部件是镁合金制造的。近年来,国内的自主品牌汽车产品上镁合金的应用也在不断增多,如长安汽车在镁合金的开发利用上就取得了较大成功,在汽车用镁合金行业首次实现单车用镁量达20kg。长安汽车的镁合金应用如图3-19所示。

图3-19 长安汽车的镁合金应用

由于镁合金的优点突出,非常符合汽车轻量化材料的使用特点。虽然成本上看它仍然高于铝合金,但镁合金的应用前景仍然看好。

(一) 铸造镁合金的应用

在汽车工业中,镁合金由于具有低的熔化黏滞性和良好的填注成型的特性,使镁合金易于铸成复杂、薄壁结构,并把多个功能零件集成一件,以取代以往常见的多钢件焊接或装配结构,达到了减重、减少装配工作、消除可能出现的尺寸误差和减少产生运行噪声的目的。以下列举几个实际应用案例。

❶ 仪表板架

仪表板位于驾驶室的最前部,面积很大,且总是展现在人的视野里,故其对车的造型具有举足轻重的影响。仪表板的外面装有仪表和各类操纵件,里面装有空调等各类车身附件,对空间和结构的要求都很高。

第一代镁仪表板的设计壁厚为3.5~4.0mm,质量约8.3kg;第二代镁仪表板,壁厚为2.7~3.0mm,质量为4.5~5.0kg。压铸镁仪表板结构件与多件钢焊接件比可减小质量约50%,并提高了尺寸稳定性,安装效率提高,可有效控制仪表板总成异响,消除原钢质转向支撑的焊接变形问题。仪表板架如图3-20所示。

❷ 车顶框架

汽车车身质量约占汽车总质量的30%,对于乘用汽车来说,约70%的油耗是用在汽车整备质量上的。因此优化汽车车身框架结构,选用轻量化材料对提升整车的燃油经济性至关重要。

目前,在汽车车身上选用的轻量化材料以铝合金为主,但镁合金在车身轻量化使用中的优势正逐渐显现。奔驰新一代SLK跑车率先将镁合金铸件用在折叠车顶框架中,其质量可比铝合金材质减小约30%(图3-21)。

图3-20　镁合金仪表板架　　　　　　　　图3-21　奔驰SLK跑车可折叠车顶框

3 变速器壳体

镁合金变速器壳体与铝合金材质壳体比,其质量可减小约33%,能有效提升汽车整体动力(图3-22)。

此外,镁合金铸件还在离合器外壳、发动机舱盖、车门内衬、座椅支架(图3-23)等60多种汽车零部件上得到应用。

图3-22　镁合金变速器壳体　　　　　　　图3-23　镁合金座椅支架

(二)变形镁合金在汽车上的应用

利用轧制、挤压、锻造和冲压等压力加工方法成形的镁合金称为变形镁合金。变形镁合金的塑性变形仍保持纯镁的特性,当温度高于200℃,塑性会显著提高。与铸造镁合金相比,变形镁合金在组织上更细、成分上更均匀、内部更致密,因此变形镁合金比铸造镁合金具有高强度和高延伸率等优点。

由变形镁合金板材制作的薄壁部件可用于汽车车门、发动机舱盖、车身外覆盖件等(图3-24)。

随着汽车的日益遍及,能源问题和环境污染问题越来越严重,采用轻质的镁合金制造某些汽车零部件,可显著减轻车重,降低油耗和污染。可以预见,未来镁合金在汽车工业中的应用将越来越广泛。

单元三 有色金属材料

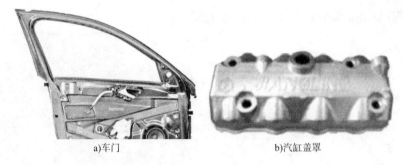

a)车门   b)汽缸盖罩

图 3-24 镁合金车门与汽缸盖罩

课题四 其他有色金属材料

一 钛合金材料

钛材料的轻质、高强度等性能早已为汽车制造商所注目。

1 钛及钛合金的特点

目前的赛车几乎都使用了钛材。钛及钛合金的特点：

(1) 耐蚀性强不受路面盐类及废气的影响；

(2) 密度小、比强度大，钛的密度为 $4.51g/cm^3$，介于铝和铁之间，钛合金的比强度高于铝合金和钢，韧性也与钢相当；

(3) 可绿色回收；

(4) 易加工，可使用与钢材加工同样的设备工艺加工；

(5) 记忆功能用于车身方便复原；

(6) 屈强比值大；

(7) 高、低温力学性能好。

2 钛及钛合金在汽车中的应用

钛在汽车上的用途主要分两大类，第一类是用来减少内燃机往复运动件的质量（对作往复运动的内燃机零件来讲，即使减少几克质量都是重要的）；第二类是用来减少汽车总质量。根据设计和材料特性，钛在新一代汽车上主要分布在发动机元件和底盘部件上。在发动机系统，钛可制作阀门、阀簧、阀簧承座和连杆等部件；在底盘部件主要为弹簧、排气系统（图 3-25）、半轴和紧固件等。

据资料介绍，除了上述所列举重点外，钛合金在汽车上的应用零件还有：发动机部件的摇臂、活塞销、涡轮增压器转子、紧固件、挡板（图 3-26）、车挡支架、门突入梁、制动器卡钳活塞、销轴栓、离合器圆板、压力板、变速按钮等。

二 滑动轴承合金

滑动轴承合金用于制造滑动轴承的材料。滑动轴承合金的组织是在软相基体上均匀分布着硬相质点,或硬相基体上均匀分布着软相质点。

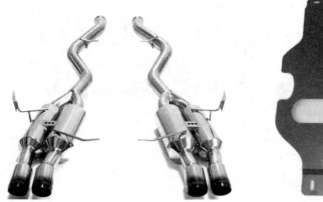

图3-25 钛合金排气管

图3-26 钛合金发动机底部挡板

❶ 性能特点

滑动轴承合金具有足够的抗压强度和抗疲劳性能;良好的减摩性(摩擦系数要小);良好的储备润滑油的功能;良好的磨合性;良好的导热性和耐蚀性;良好的工艺性能;使之制造容易,价格便宜。

(1)足够的强度和硬度;

(2)高的耐磨性和小的摩擦系数;

(3)足够的塑性和韧性,较高的抗疲劳强度;

(4)良好的耐热性级耐蚀性;

(5)良好的磨合性。

❷ 常用滑动轴承合金

常用的轴承合金有铜基轴承合金、铝基轴承合金、锡基轴承合金和铅基轴承合金。其分类性能特点及主要用途见表3-6。

常用轴承合金分类、特点及主要用途　　　　　表3-6

类　　别	特　　点	主　要　用　途
铜基轴承合金	铜基轴承合金具有高的疲劳强度和承载能力,优良的耐磨性,良好的导热性,摩擦系数低,能在250℃以下正常工作	适合于制造高速、重载下工作的轴承,如高速柴油机、航空发动机轴承等
铝基轴承合金	这种合金的优点是导热性、耐蚀性、疲劳强度和高温强度均高,而且价格便宜;缺点是膨胀系数较大,抗咬合性差	目前以高锡铝基轴承合金应用最广泛。适合于制造高速(13m/s)、重载(3 200MPa)的发动机轴承
锡基轴承合金	其优点是具有良好的塑性、导热性和耐蚀性,而且摩擦系数和膨胀系数小;缺点是疲劳强度低,工作温度较低(不高于150℃),这种轴承合金价格较贵	适合于制作重要轴承,如汽轮机、发动机和压气机等大型机器的低速轴瓦

续上表

类　别	特　点	主　要　用　途
铅基轴承合金	铅基轴承合金的强度、硬度、导热性和耐蚀性均比锡基轴承合金低，而且摩擦系数较大，但价格便宜	适合于制造中、低负荷的轴瓦，如汽车、拖拉机曲轴轴承、铁道车辆轴承等

❸ 常用轴承合金在汽车上的应用

可作轴承材料的还有铜基合金、铝基合金、银基合金、镍基合金、镁基合金和铁基合金等。在这些轴承材料中，铜基合金、铝基合金使用最多。

（1）铜基合金轴承材料由于其具有较高的疲劳密度，目前是国内外重载发动机润滑轴承的主要材料（图3-27）。

（2）铝基轴承合金是以铝为基体加入锑和锡等合金元素所组成的合金。随着汽车发动机向高速、重载和增压强化方向发展，轴承的工作条件更加恶化，对轴承材料提出了更高的要求。铝基轴承合金由于其具有较高的力学性能、热传导性和良好的耐腐蚀性，且资源丰富、价格低廉，在汽车发动机上的应用日益增多。图3-28为铝基合金在连杆轴承中的应用。

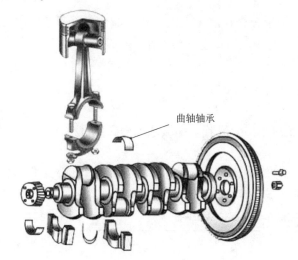

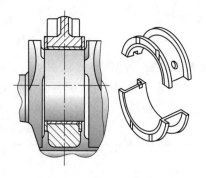

图3-27　发动机曲轴轴承　　　　图3-28　铝基合金在连杆轴承中的应用

粉末冶金材料

粉末冶金是用压制、烧结金属粉末直接制成零件的方法。它可以直接制成具有某种特性的零件，是节约材料的少切削或无切削的工艺方法。

粉末冶金材料具有耐磨性好、硬度高的特点，与一般零件的生产方法比，具有生产率高，材料利用率高等优点。粉末冶金零件在汽车上的应用越来越多，常用来制造汽车前后轮毂油封外围，发动机气门导管、离合器外壳衬套等耐磨零件。粉末冶金轴套在使用时应

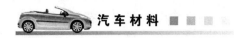

注意:维修过程中不能用热碱水和汽油清洗;粉末冶金零件直接装配使用,一般不进行切削加工,若必须进行铰孔时,应用较锋利的刀具进行铰削;因粉末冶金轴套硬度高、韧性差,装配时不能用锤子敲击,以免开裂。

（1）有色金属材料在汽车上的使用主要是以轻量化为主,常用的有铝、铜、镁及其合金。

（2）铝合金主要可分为:铸造铝合金和变形铝合金两大类。铝合金因其具有质轻、耐蚀性好及良好的铸造性等优点在汽车上的应用范围越来越广泛,如车身外覆件、发动机部件、底盘部件等。

（3）铜合金主要有黄铜、青铜和白铜,在汽车上应用较多的是黄铜与青铜。根据铜及其合金的特性,在汽车零部件中使用铜合金最为典型的是汽车发动机散热器。

（4）镁合金主要有铸造镁合金与变形镁合金两大类,目前常用的镁合金主要有镁—锰系、镁—铝系、镁—锌系合金。镁合金的优点突出,非常符合汽车轻量化材料的使用特点,应用前景看好。

（5）其他有色金属材料,如钛合金、轴承合金在汽车上的应用。其中钛合金已经在发动机零件和底盘零件中应用,其在汽车车身中的应用也必将越来越广泛。

（1）实训场地安排2~3辆汽车。全班学生分成若干小组认识铝合金材料在汽车上使用情况,增强学生的感性认识。

（2）根据已学知识,把各个零件名称填写在评价表上(表3-7)。可以同组学生集体讨论,同时每组派出一名学生现场指出铝合金材料在汽车上的使用部位和名称。

铝合金材料在汽车使用部位认知评价表　　　　　　表3-7

序　号	零　件　名　称	使　用　部　位	得分(写出一个零件得5分)
1			
2			
3			
4			
5			
6			
7			
8			
9			

续上表

序号	零件名称	使用部位	得分(写出一个零件得5分)
10			
11			
12			
13			
14			
15			
16			
17			
18			
19			
20			
合计得分			

思考与练习

(一) 选择题

1. 用铝合金结构代替传统钢结构,可使汽车质量减小(　　)。
 A. 30%～40%　　B. 10%～20%　　C. 40%以上　　D. 30%以下

2. (　　)主要在车身外覆件中得到应用。
 A. 铸铝合金　　B. 铸铁合金　　C. 变形铝合金　　D. 所有铝合金

3. 在汽车车身上应用较多的有色金属有(　　)。
 A. 黄铜　　B. 铝合金　　C. 青铜　　D. 钛合金

4. 下列有色金属中质量最轻的是(　　)。
 A. 钛合金　　B. 青铜　　C. 铸铝合金　　D. 镁合金

(二) 填空题

1. 汽车材料采用铝合金是汽车轻量化及____、____、____和____的重要途径之一。

2. 铝合金根据成分和加工特点,可分为_____和_____两类。

3. 黄铜由于具有很强的冷热变形加工能力,良好的_____、_____和_____等特点,在汽车上常用于制作各类_____、_____等耐磨件。

4. 用镁合金制造仪表板架可有效提高_____,可有效_____。

5. 根据设计和材料特性,钛在现代汽车上主要分布在_____和_____上。

(三) 判断题

1. 变形铝合金又称压力加工铝合金,塑性好,可进行冷热状态下的加工。　(　　)

2. 黄铜是铜锌合金,青铜是铜锡合金。　(　　)

3. 所有铝合金都可以通过热处理予以强化。（ ）

4. 由于镁合金的优点突出,非常符合汽车轻量化材料的使用特点,且成本较低,应用前景看好。（ ）

5. 常用的轴承合金有铜基轴承合金、铝基轴承合金、锡基轴承合金和铅基轴承合金。（ ）

(四)简答题

1. 汽车上常用的有色金属有哪几种?
2. 列举说明铝合金在汽车上的应用。

下 篇
汽车非金属材料

单元四　汽车常见易损非金属材料

 学习目标

1. 掌握橡胶、塑料、玻璃、陶瓷、胶粘剂等材料的概念；
2. 了解橡胶、塑料、玻璃、陶瓷、胶粘剂等材料的分类；
3. 掌握橡胶、塑料、玻璃、陶瓷、胶粘剂等材料的性能；
4. 正确认识橡胶、塑料、玻璃、陶瓷、胶黏剂等材料在汽车上的使用和具体应用位置。

 建议课时

32 课时。

课题一　橡　胶

一　橡胶的概念和特点

(一) 橡胶的概念

橡胶一词来源于印第安语 cau-uchu，意为"流泪的树"。由三叶橡胶树割胶时流出的胶乳经凝固、干燥后而制得。(橡胶树和橡胶乳液的采集见图 4-1、图 4-2)。

橡胶就是从橡胶树、橡胶草等植物中提取的胶乳，加工后制成的具有弹性、绝缘性、不透水和空气的材料，是一种在使用温度下处于高弹性状态的高分子材料。

(二) 橡胶的特点

(1) 伸长率。即具有高弹性(在较小的外力作用下，就能产生很大变形，当外力消除后又能很快恢复到原来的状态)，具有优良的伸缩性和可贵的积储能量的能力。

(2) 具有高的抗拉强度和疲劳强度。

(3)具有良好的耐磨性、隔声性、不透水、不透气、耐酸碱和电绝缘性。

(4)具有耐油、耐化学品腐蚀、耐热、耐寒、耐燃、耐老化、耐辐射性。

图4-1　橡胶树

图4-2　橡胶乳液的采集

因此,橡胶材料被广泛应用在生产和生活中,如各种车辆上的轮胎、内胎、各类胶管、胶条、胶垫、密封带、输送带、防振橡胶及其他制品。

二　橡胶的组成和分类

(一)橡胶的组成

(1)橡胶的主要成分是生胶,生胶不能直接用来制造橡胶制品,只有在经过特种的物理、化学过程后才能具有橡胶的各种特性。生胶的分类见表4-1。

生　胶　的　分　类　　　　表4-1

序　号	类　别	来　源
1	天然	从橡胶树或杜仲树的浆汁中制取
2	合成	通过化学合成方法制造

(2)橡胶是在生胶基础上加入适量的配合剂组成的高分子弹性体。配合剂是为了提高和改善橡胶制品的各种性能而加入的物质。其中加入一定量的硫化剂是橡胶加工的一个重要工艺,称为硫化。配合剂的主要种类见表4-2。

配合剂主要种类　　　　表4-2

种　类	作　用
硫化剂	能使胶料具备高强度、高弹性、高耐磨、抗腐蚀性能
硫化促进剂	能促进硫化作用的物质。可缩短硫化时间,降低硫化温度,减少硫化剂用量和提高橡胶的物理机械性能(强度、硬度、性能、疲劳强度)
补强剂	能提高硫化胶的抗张强度、撕裂强度、耐磨性等物理力学性能(拉应力、冲击力、抗拉强度、弯曲)的物质
软化剂	用来增强生胶塑性和使胶具有一定柔软性的物质
填充剂	主要用来增加橡胶容积,节约生胶,降低生产成本
防老剂	用来减缓老化过程,延长橡胶使用寿命的一种物质

(二)橡胶的分类

按原材料来源与方法:橡胶可分为天然橡胶和合成橡胶两大类。其中天然橡胶的消耗量占1/3,合成橡胶的消耗量占2/3。

按橡胶的外观形态:橡胶可分为固态橡胶(又称干胶)、乳状橡胶(简称乳胶)、液体橡胶和粉末橡胶四大类。

根据橡胶的性能和用途:除天然橡胶外,合成橡胶可分为通用合成橡胶、半通用合成橡胶、专用合成橡胶和特种合成橡胶。

根据橡胶的物理形态:橡胶可分为硬胶和软胶,生胶和混炼胶等。

按性能和用途分:通用橡胶和特种橡胶。

❶ 天然橡胶

天然橡胶是由从橡胶树采集的胶乳制成,是异戊二烯为主要成分的天然高分子化合物。常要进行硫化后,才能使其具有突出的弹性、耐寒性及加工工艺性能。

❷ 合成橡胶

合成橡胶是以石油、天然气为原料,以二烯烃和烯烃为单体聚合而成的高分子。合成橡胶品种较多,现介绍常用品种。

(1)丁苯橡胶。
(2)丁基橡胶。
(3)氯丁橡胶。
(4)丁腈橡胶。
(5)顺丁橡胶。
(6)乙丙胶。

特点和主要用途见表4-3。

常用橡胶的特点和主要用途　　　　　　　　　　表4-3

名　称	特　点	主　要　用　途
天然橡胶	具有很好的耐磨性、很高的弹性、扯断强度及伸长率。在空气中易老化,遇热变粘,在矿物油或汽油中易膨胀和溶解(可耐植物油),耐碱但不耐强酸	轮胎、胶管、胶带、密封条,也适用于制作减振零件、在汽车制动液、乙醇等带氢氧根的液体中使用的制品
丁苯橡胶	具有更好耐磨性及耐老化性,但机械强度则较弱,可与天然胶掺和使用	轮胎、胶板、密封条也用于鞋业、布业及输送带行业等
丁基橡胶	优点:对大部分的气体具有不渗透性,对阳光及臭气具有良好的抵抗性,可暴露于动物或植物油或是可气化的化学物中;缺点:不宜与石油溶剂、胶煤油和芳氢同时使用	用于汽车轮胎的内胎、皮包、橡胶膏纸、窗框橡胶、蒸汽软管、耐热输送带等
氯丁橡胶	具有较佳的抗磨性,极佳的抗蚀、抗张、抗撕和压缩性等特性	用于汽车空调R134a系统中的密封件、汽车发动机系统密封件

续上表

名　称	特　点	主　要　用　途
丁腈橡胶	具有良好的抗油、抗水、抗溶剂、抗高压油的特性	密封零件
顺丁橡胶	耐寒性、耐磨性和弹性，具有较好的耐老化性能，但抗撕裂性能较差，抗湿滑性能不好	用于生产轮胎，少部分用于制造耐寒制品、缓冲材料以及胶带、胶鞋等
乙丙胶	耐热性、耐老化性、耐臭氧性、安定性均非常优秀，但不能用硫黄加硫	制动系统中的橡胶零件、散热器（汽车水箱）中的密封件

三、橡胶在汽车上的应用

橡胶是汽车上使用较多的一种材料，在汽车车身、发动机、传动、转向、悬架、制动和电器仪表等系统内广泛应用。

1. 汽车轮胎

汽车轮胎是汽车上使用橡胶量最大的零件。轮胎的外胎大量使用天然橡胶、丁苯橡胶、顺丁橡胶；而内胎一般使用丁基橡胶。汽车轮胎见图4-3。

a)轮胎

b)汽车上轮胎位置

图4-3　汽车轮胎

（1）汽车轮胎一般分为有内胎轮胎和无内胎轮胎。顾名思义，有内胎的轮胎就是在外胎的里面还有一个充有压缩空气的内胎，其缺点是行驶温度高，不适应高速行驶，不能充分保证行驶的安全性，使用时内胎在轮胎中处于伸张状态，略受穿刺便形成小孔，而使轮胎迅速降压。无内胎轮胎不使用内胎，空气直接充入外胎内腔。这样消除了内外胎之间的摩擦，并使热量直接从轮辋散出，比有内胎轮胎降温20%以上。无内胎轮胎提高了行驶安全性，在穿孔较小时能够继续行驶，中途修理比有内胎轮胎容易，不需拆卸轮辋，因为有较好的柔软性，所以可改善轮胎的缓冲性能，提高轮胎的使用寿命。有内胎轮胎结构见图4-4，无内胎轮胎结构见图4-5。

（2）轮胎从结构设计上可分为：斜交轮胎和子午线轮胎。斜交轮胎的帘线按斜线交叉排列，故而得名。特点是胎面和胎侧的强度大，但胎侧刚度较大，舒适性差。由于高速时

单元四　汽车常见易损非金属材料

帘布层间移动与摩擦大,并不适合高速行驶。随着子午线轮胎的不断改进,斜交轮胎将基本上被淘汰。子午线轮胎的帘布层相当于轮胎的基本骨架,其排列方向与轮胎子午断面一致。由于行驶时轮胎要承受较大的切向作用力,为保证帘线的稳固,在其外部又有若干层由高强度、不易拉伸的材料制成的带束层又称箍紧层,其帘线方向与子午断面呈较大的交角。与普通斜线轮胎相比,子午线轮胎弹性大,耐磨性好,滚动阻力小,附着性能好,缓冲性能好,承载能力大,不易刺穿;缺点是胎侧易裂口,由于侧向变形大,导致汽车侧向稳定性稍差,制造技术要求高,成本高。斜交轮胎结构如图4-6所示,子午线轮胎结构如图4-7所示。

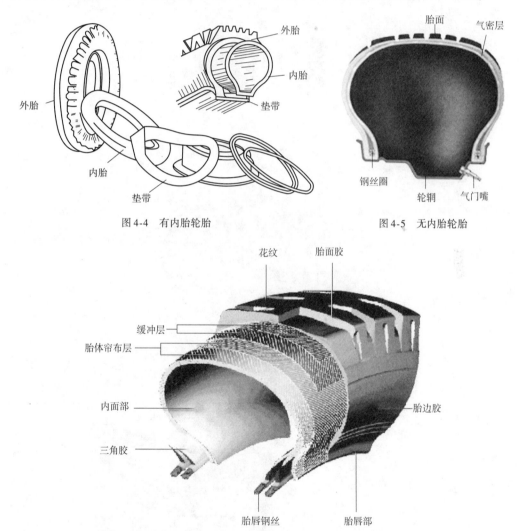

图4-4　有内胎轮胎　　　　　图4-5　无内胎轮胎

图4-6　斜交轮胎结构图

❷ 密封制品。

汽车上使用的橡胶密封制品主要包括密封条、油封、密封圈、皮碗、防尘套、衬垫等。

(1)密封条。

汽车上使用密封条部位如图4-8所示,详细位置见表4-4。

汽车材料

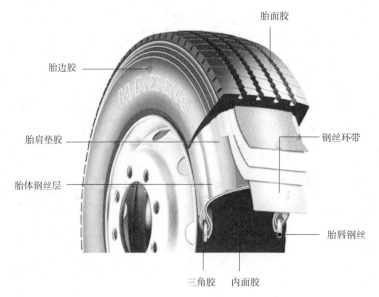

图 4-7　子午线轮胎结构图

图 4-8　在汽车上的使用部位

各类密封条在汽车上的使用部位示意　　　　　　　　　　　　　　表 4-4

名　　称	使　用　部　位
车门缓冲密封条	
车顶密封条	

104

续上表

名　　称	使 用 部 位
行李舱密封条	
前风窗玻璃密封条	
后风窗玻璃密封条	
门玻璃密封条	
门框密封条	

(2) 油封见图 4-9。
(3) 皮碗见图 4-10。
(4) 防尘套见图 4-11。

a) 油封　　　　　　　　　b) O形密封圈

图 4-9　油封和 O 形密封圈实物图

a) 液压制动系统用　　　　　　　　b) 气压制动系统用

图 4-10　皮碗实物图

a)　　　　　　　　　b)　　　　　　　　　c)

图 4-11　防尘套实物图

❸ 胶管

胶管在汽车上主要用在燃油、制动、冷却和空调系统中,见图 4-12。

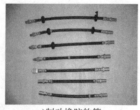

a) 耐油软管　　　b) 水箱连接软管　　　c) 制动橡胶软管　　　d) 空调管

图 4-12　胶管实物图

❹ 胶带

在汽车常用于发动机正时齿轮皮带、发电机皮带、汽车风扇皮带等部位,见图 4-13。

❺ 减振块

减振块主要用在汽车发动机、底盘等部件上,用来防止和降低汽车行驶中产生的振动和噪声,见图 4-14。

图 4-13 胶带在汽车上使用的部位

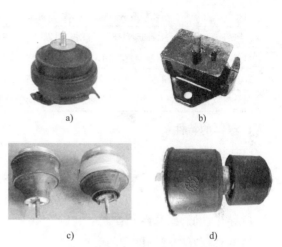

图 4-14 减振块实物图

课题二 塑 料

一 塑料的概念和特性

1 塑料的概念

塑料的主要成分是树脂。树脂这一名词最初是由动植物分泌出的脂质而得名,如松香、虫胶等,树脂是指尚未和各种添加剂混合的高聚物,如图 4-15、图 4-16 所示。

图 4-15 松香

图 4-16 松香的采集

塑料是以合成树脂为主要成分或加有其他添加剂,经一定温度、压力塑制成型的高分子材料。

塑料的基本性能主要决定于树脂的本性,但添加剂也起着重要作用。塑料中常见的添加剂见表 4-5。

塑料中常用的添加剂　　　　　　　　　　　　　表 4-5

添加剂名称	主 要 作 用
填充剂	可改善塑料的强度、刚性、抗冲击韧性、耐热性等物理、机械性能
稳定剂	可抑制塑料在加工和使用过程中，因光和热等的作用引起的性质变化，延长其使用寿命
增塑剂	可使塑料在加工过程中易于塑化，增加制品的柔软性
着色剂	可改变塑料制品的色泽
润滑剂	用以防止塑料在加工过程中黏附于模具和设备上；以便于脱模，使制品的表面光洁

❷ 塑料的特性

(1) 质轻，密度小；

(2) 化学性稳定，不会锈蚀，对酸、碱、盐有良好的耐腐性；

(3) 电绝缘性好；

(4) 导热性低，保温性好；

(5) 具有较好的透明度和耐磨性；

(6) 加工和成型的工艺性能良好；

(7) 耐热性差，易燃烧，耐低温性差，低温下易变脆；

(8) 某些塑料易溶于溶剂，容易老化。

二　塑料的分类

塑料按常规分类主要有：

(1) 按理化特性分类：可分为热塑性塑料和热固性塑料两种类型，见表 4-6。

(2) 按使用特性分类：可分为通用塑料、工程塑料和特种塑料三种类型，见表 4-7。

(3) 按加工方法分类：可分为膜压、层压、注射、挤出、吹塑、浇铸塑料和反应注射塑料等多种类型。

热塑性塑料和热固性塑料特性　　　　　　　　　　表 4-6

塑料种类	特　　性
热塑性塑料	是指在特定温度范围内能反复加热软化和冷却硬化的塑料，当再一次受热后仍具有可塑性
热固性塑料	指在一定温度和压力等条件下，保持一定时间而固化，固化后成为不溶性物质的塑料，当再一次受热后不具有可塑性

通用塑料、工程塑料和特种塑料特性　　　　　　　表 4-7

塑料种类	特　　性
通用塑料	是指产量大、价格低、应用范围广的塑料，日常生活中使用的许多制品都是由通用塑料制成，属于热塑性塑料
工程塑料	是指能承受一定外力作用，具有良好的力学性能和耐高、低温性能，尺寸稳定性较好，可以用作工程结构的塑料，可代替金属作为工程结构件使用，广泛应用于汽车、电器、化工、机械、仪器、仪表等工业，属于热固性塑料
特种塑料	是指具有特种功能，可用于航空、航天等特殊应用领域的塑料

单元四 汽车常见易损非金属材料

小提问：同学们，在日常生活中塑料制品用得多吗，请举例？

三 塑料在汽车上的应用

随着科技的发展，大大促进了塑料在汽车上的应用。塑料具有质量小、易于加工和防锈防腐蚀的特点，目前广泛应用于汽车的内饰、外饰和结构功能件上，如：保险杠、仪表板、座椅、杂物箱、车门内板、轮罩、挡泥板、灯罩、冷却风扇等；如图4-17所示。

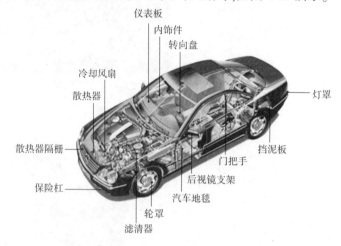

图4-17 塑料制品在汽车上的应用

（一）汽车内饰用塑料制品

常见汽车内饰用塑料制品见表4-8。

常见汽车内饰用塑料制品　　　　　　　　　　表4-8

名　称	说　明	应用实物图
仪表板（目前汽车上使用的仪表板分为硬质仪表板和软质仪表板）	硬质仪表板一般使用在轻型货车上	
	软质仪表板一般用于轿车上，由表皮、骨架、缓冲材料三部分构成	

续上表

名　　称	说　　明	应用实物图
车门内板	车门内板是一种装饰车门的板式结构,由骨架、发泡材料和表皮组成	
座椅	汽车座椅一般由头枕、靠背、坐垫、(扶手)组成	
顶棚	汽车顶棚通常由蒙皮和衬垫组成,衬垫是指车内顶棚内饰件。顶棚内饰的功能要体现车厢内的造型设计,与外界有隔热、隔音和吸音的作用,并可对乘员头部的起保护作用	
地毯	地毯材料必须挺括、隔音、舒适。不允许有松弛、褶皱等现象。按地毯用途分为:汽车主地毯、行李舱地毯、脚垫地毯、脚垫	

续上表

名　称	说　明	应用实物图
门立柱装饰板	—	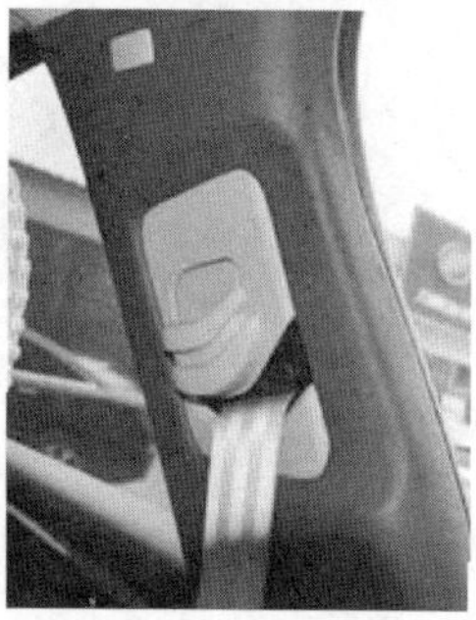

(二) 汽车外装饰用塑料制品

常见汽车外装饰用塑料制品见表4-9。

常见汽车外装饰用塑料制品　　　　　表4-9

名　称	说　明	应用实物图
保险杠	保险杠是塑料化最成功的零件之一	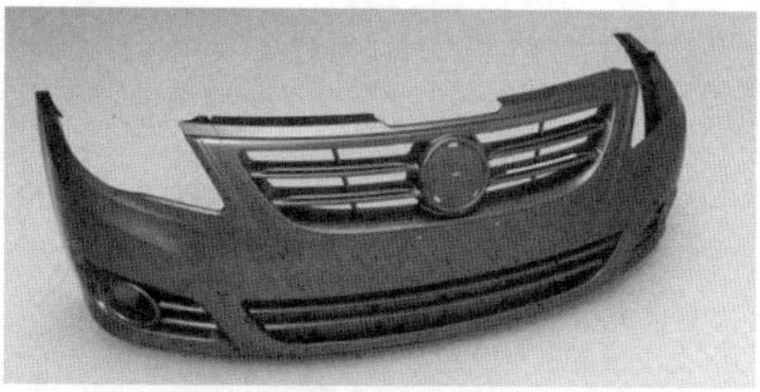
散热器格栅、进气格栅	是车体最前部装饰件,表现一个车的性格的重要部件	 汽车散热格栅 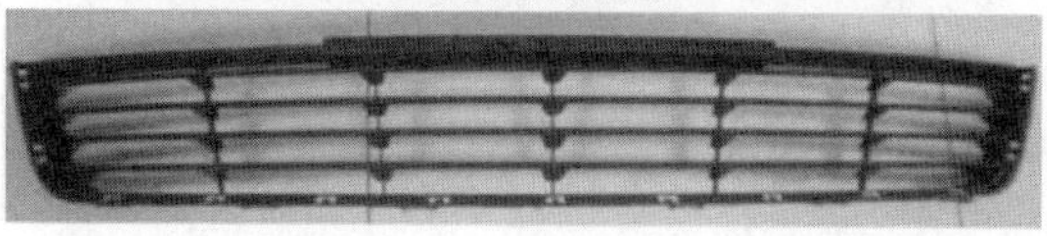 汽车进气格栅
侧防撞条	—	

续上表

名　　称	说　　明	应用实物图
灯罩	—	
刮水器	—	
车门把手	—	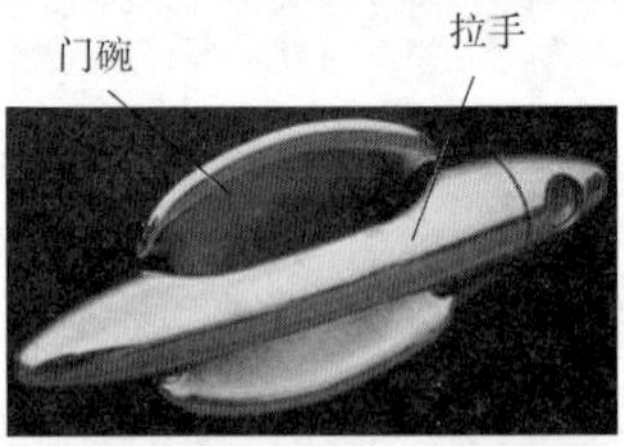
发动机挡泥板	—	
翼子板衬里	—	

(三) 汽车结构件、功能件塑料制品

汽车上使用的塑料结构件、功能件,见表 4-10。

单元四　汽车常见易损非金属材料

常见汽车塑料结构件、功能件　　　　　　　表 4-10

名　称	说　明	应用实物图
汽缸盖罩	塑料盖罩逐步取代钢板冲压及铝压铸盖罩	
冷却风扇	国内大多数车型上已采用塑料件	
油箱	塑料燃油箱正逐渐取代金属燃油箱,它同样具有耐冲击、不易渗漏和阻燃作用	
蓄电池壳	—	
散热器	—	
水泵壳体	—	

课题三 玻璃、陶瓷

一 玻璃的概念和特性

（一）玻璃的概念

玻璃是一种非晶态固体，它是以石英砂、纯碱、长石、石灰石等为主要原料，并加入某些金属氧化物等辅料，在高温窑中煅烧至熔融后，经成形、冷却所获得的非金属材料。玻璃广泛用于建筑、日用、医疗、化学、电子、仪表、核工程等领域，见图4-18。

a)用于建筑

b)用于汽车

图4-18 玻璃在生活中的运用

（二）玻璃的特性

(1) 良好的透视、透光性能；
(2) 隔音、有一定的保温；
(3) 抗拉强度远小于抗压强度，是典型的脆性材料；
(4) 有较高的化学稳定性；
(5) 热稳定性较差，急冷急热易发生炸裂；
(6) 具有良好的绝缘性。

二 玻璃的分类

玻璃的种类繁多，使用的范围也非常广泛，不同玻璃类型的成分、性质和用途也不一样。通常玻璃有按化学成分和用途二种分类方法。分类见表4-11、表4-12。

玻璃按化学成分分类　　　　表4-11

类别	特点及用途
钠玻璃	具有软化熔点较低、易熔制，但杂质较多、制品颜色偏绿色，其化学性能、热性、光学性能及化学稳定性较差，多用于制造建筑玻璃和日用玻璃制品
钾玻璃	硬而有光泽，多用于制作化学仪器用具和高级玻璃制品
铅玻璃	具有鲜明的色彩与美丽的光泽、质软易加工，敲击时能发出金属般悦耳之音、对光的折射率的反射性强、化学稳定性高，主要用于光学仪器、高级器皿、装饰品和艺术品
硼玻璃	具有较好的光洁度、透明度和化学稳定性，较高的力学性能、耐热性、绝缘性，多用于制造化工仪器、绝缘材料和耐热玻璃

续上表

类　别	特点及用途
铝镁玻璃	具有软化点低,力学性能、光学性能和化学稳定性比普通玻璃高,常用于制造高级建筑玻璃
石英玻璃	又称为水晶玻璃,热膨胀系数小、热稳定性高、力学性能高、红外线和紫外线穿透性好、电绝缘性好,多用于制作高级化学仪器、光学零件和耐高温、高压等特殊用途的制品,但它的熔制温度高、熔制方法特殊、加工较困难

表4-12　玻璃按用途分类

类　别	产　品　种　类
建筑玻璃	主要是平板玻璃,包括窗用平板玻璃、镜用平板玻璃、装饰用平板玻璃(如压花玻璃、磨砂玻璃、彩色玻璃)、安全玻璃(如夹层玻璃)和特种玻璃(如磨光玻璃、双层中空玻璃、玻璃砖)
技术玻璃	主要有光学玻璃、仪器玻璃、玻璃器具和特种技术玻璃(如导电玻璃、磁性玻璃、荧光玻璃)
日用玻璃	主要有瓶罐玻璃、器皿玻璃、装饰玻璃制品等
玻璃纤维	分为无碱玻璃纤维、低碱玻璃纤维、中碱玻璃纤维、高碱玻璃纤维
汽车玻璃	主要有前风窗玻璃、后风窗玻璃、前车窗玻璃、后车窗玻璃、后三角玻璃等

 小提问:同学们,你能举出与自己生活有关的玻璃制品吗?

三　玻璃在汽车上的应用

汽车用玻璃都是安全玻璃,包括夹层玻璃、区域钢化玻璃和钢化玻璃。玻璃在汽车上的应用如图4-19所示。

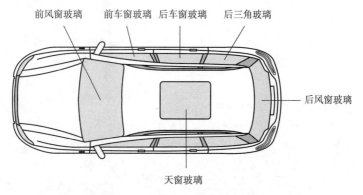

图4-19　玻璃制品在汽车上的应用

汽车用玻璃必须满足以下安全因素:良好的视线、足够的强度、意外事故时对乘员起到保护作用。

随着科技的发展,在保证其安全性的前提下,汽车玻璃的种类越来越多,满足了不同的需求,汽车用玻璃种类见表4-13。

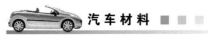

汽车用玻璃种类　　　　　　　　　表4-13

种　类	特点及应用部位	应用实物图
夹层玻璃	夹层玻璃是两层玻璃中间有一层胶状膜,在发生损坏破裂时不会完全裂开和扩散;即便发生严重撞击,依靠中间胶装膜也可以在受损严重情况下,保证玻璃不会脱落和部分散落,仍然保持相对完整;夹层玻璃被要求配备在前风窗玻璃上使用	
钢化玻璃	目前主要用作汽车后风窗玻璃、三角玻璃、窗玻璃和天窗玻璃上。它具有较强机械强度和热稳定性,且安全性能好。破碎时碎片呈蜂窝状的钝角小颗粒,无锐角的小碎片,不易伤人,极大地降低了对人体的伤害	
有色玻璃	是在夹层玻璃中加入一些微量元素,形成了有色玻璃,一般颜色有蓝色、茶色、褐色等。能吸收阳光中部分紫外线和红外线,并可防止外界对车内的窥视,一般使用在汽车的后车窗上。有些车辆在前风窗玻璃上部也采用着深色来遮挡太阳光	
天线夹层玻璃	越来越多的车型为了美观,采用了隐藏式印刷天线,在后风窗玻璃上与电加热丝不相连的线就是印刷天线	
调光夹层玻璃	具有在断电状态下雾态(不透明),通电时呈透明态的特点,使得调光玻璃同时具备普通玻璃和电控窗帘的双重特点,可以更有效地保护隐私	断电时　　通电时
热线反射玻璃	是用物理或者化学的方法在玻璃表面镀一层金属或者金属氧化物薄膜,对太阳光有较高的反射能力,但仍有良好的透光性	

续上表

种　类	特点及应用部位	应用实物图
除霜玻璃	将极细小电热丝做成波状放在车窗夹层玻璃中的塑料黏膜上,通过电阻器与电路连接。车窗电热丝具有一定的加热范围,起到防霜、防雾化、防结冰的作用	
防水玻璃	表面经特别的氟化物处理,雨水落在玻璃上就凝聚成水珠,在风压的作用下滑落,没有水渍,有利于驾驶员观察路况	

四　陶瓷的概念和特性

(一) 陶瓷的概念

1　陶瓷

是陶器和瓷器的总称。由黏土或主要含黏土(尚有长石、石类)的混合物,经成形、干燥,烧制而成的制品。陶器制品见图4-20,瓷器制品见图4-21。

图4-20　陶器

图4-21　瓷器

2　陶器与瓷器的主要区别

(1)黏土不同。陶器几乎用任何黏土都可以烧制,而瓷器必须是含有瓷石的黏土方可烧制。瓷石是高岭土、长石、石英的混合物。

(2)烧成温度不同。陶器在700～850℃之间烧成,瓷器一般在1200～1400℃之间烧成。

(3)吸水率不同。陶器具备吸水率,瓷器基本不吸水。

(4)表面观感不同。早期陶器大多不施釉,表面采用磨光或拍平处理,后期陶器也施釉,陶器的釉属于低温釉,唐三彩就是施低温釉的陶器;瓷器必须施釉,釉层光滑、玻璃感强。

(二)陶瓷的特性

陶瓷的特性见表4-14。

陶瓷的特性　　　　　　　　　　　　　　　表4-14

类别	主要特性
力学特性	陶瓷材料是工程材料中刚度最好、硬度最高的材料。陶瓷的抗压强度较高,但抗拉强度较低,塑性和韧性很差
热特性	陶瓷材料一般具有很高的熔点(大多在2000℃以上),且在高温下具有极好的化学稳定性;陶瓷的导热性低于金属材料,陶瓷还是良好的隔热材料;陶瓷的线膨胀系数比金属低
电特性	大多数陶瓷具有良好的电绝缘性,用于制作各种绝缘器件;少数陶瓷还具有半导体的特性,可作整流器
化学特性	陶瓷材料在高温下不易氧化,并对酸、碱、盐具有良好的抗腐蚀能力
光学特性	陶瓷材料还有独特的光学性能,可用作固体激光器材料、光导纤维材料、光储存器等

五 陶瓷的分类

陶瓷制品的品种繁多,陶瓷按用途分类,见表4-15。

陶瓷按用途分类　　　　　　　　　　　　　表4-15

序号	类别	用途举例
1	日用陶瓷	如餐具、茶具、缸、坛、盆、罐、盘、碟、碗等
2	艺术工艺陶瓷	如花瓶、雕塑品、园林陶瓷、器皿、陈设品等
3	建筑卫生陶瓷	如砖瓦、排水管、面砖、外墙砖、卫生洁具等
4	化工化学陶瓷	化工行业所用的如耐酸容器、管道、塔、泵、阀、耐酸砖、灰等
5	电瓷	用于电力工业高低输电线路上的绝缘子等陶瓷制品
6	特种陶瓷	用于各种现代工业和尖端科学技术的特种陶瓷制品

六 陶瓷在汽车上的应用

随着电子工业、空间技术的发展,陶瓷以其优良的性能,在汽车上的应用越来越广泛,主要是在结构件和功能件上的开发和利用。陶瓷在汽车上的最早应用是制造火花塞。常见汽车结构件、功能件的陶瓷制品见表4-16。

常见汽车结构件、功能件的陶瓷制品　　　　表4-16

名称	应用说明	实物图
火花塞	火花塞主要零件是绝缘体、壳体、接线螺杆和电极。绝缘体必须具有良好的绝缘性和导热性、较高的机械强度,采用能耐受高温热冲击和化学腐蚀特种陶瓷	
活塞环	利用低温(<300℃)等离子化学气相沉积技术,在活塞环表面生成双向扩散的金属陶瓷复合层	

续上表

名 称	应 用 说 明	实 物 图
氧传感器	氧传感器的作用是测定发动机燃烧后的排气中氧是否过剩的信息,即氧气含量,并把氧气含量转换成电压信号传递到发动机计算机,使发动机能够实现以过量空气因数为目标的闭环控制,确保排放污染物的转化和净化。其核心元件是多孔的陶瓷管,两侧面分别烧结上多孔铂(Pt)电极	
冷却液温度传感器	冷却液温度传感器内部结构均为热敏电阻,它是采用陶瓷工艺制造而成的。通过传感器的电阻变化间接地告知发动机的工作温度	

课题四　胶　粘　剂

一　胶粘剂的概念和特性

(一)胶粘剂的概念

胶粘剂(图4-22)又称粘合剂或粘接剂,是指通过胶接(粘合、粘接、胶结、胶粘)技术,把同质或异质物体表面连接在一起的物质。具有应力分布连续、质量轻、密封、工艺温度低等特点。胶粘剂特别适用于不同材质、不同厚度、超薄规格和复杂构件的连接,见图4-23。

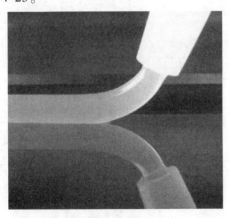

图4-22　常用胶粘剂

图4-23　异质物体粘接

(二)胶粘剂的特性

(1)耐温性好;

(2)低污染性;

(3)粘接无破坏性；

(4)轻质性。

二 胶粘剂的组成和分类

(一)胶粘剂的组成

胶粘剂一般由基料、固化剂或催化剂、填料、溶剂和助剂所组成,见表4-17。因为单一组分的胶粘剂往往不能满足使用上的要求,需要将各种组分材料混合在一起,经过一段时间的物理或化学作用而达到适合胶粘剂性能的要求。胶粘剂已经渗透到现代工业和日常生活当中,胶粘剂产品和粘接技术的应用为工业生产提供了新颖实用的工艺,为人类营造了多姿多彩的生活。

胶粘剂组成物的作用　　　　　　　　　　　　　　表4-17

组成物名称	主 要 作 用
基料	也称为"粘料",它能使胶粘剂获得良好的黏附作用,对胶粘剂起决定作用
固化剂或催化剂	通过催化剂与主体黏合物质进行化学反应,形成坚韧或坚硬的网状结构
填料	可降低成本、提高粘接强度、耐热性、降低脆性、消除制作成形应力、增加导热率、提高导电性、导磁性
溶剂	能降低合成胶粘剂的黏度,易流动,提高浸透力,改善其工艺性能,并延长使用期限
助剂	能增加塑性、提高弹性和改进耐寒性;能增加韧性,提高其剥离强度、抗剪强度及低温性能

(二)胶粘剂的分类

胶粘剂的种类很多、分类方法各异。一般有以下几种分类。

1 按基料的来源分类

胶粘剂按基料的来源分类,见表4-18。

胶粘剂按基料的来源分类　　　　　　　　　　　　表4-18

类　　别	胶粘剂种类	基料的来源
有机胶粘剂	天然胶粘剂	动物胶
		植物胶
		矿物胶
	合成树脂胶	热固性树脂型
		热塑性树脂型
		橡胶型
		混合型
无机胶粘剂	玻璃陶瓷胶等	

2 按使用性能和用途分类

胶粘剂按性能和用途分类,见表4-19。

单元四 汽车常见易损非金属材料

胶粘剂按性能和用途分类　　　　　　　　　　　表 4-19

胶粘剂种类	作 用 性 能
结构胶	用于结构件的胶接,具有良好的抗剪强度,不均匀扯离强度,承受较大载荷
非(半)结构胶	胶接强度次于结构胶,能用于非主要承受力或不受力的胶接部位、定位、紧固
密封胶	涂抹于密封面,能承受压力而不泄漏,密封

❸ 按固化条件分类

胶粘剂按固化条件分类,见表 4-20。

胶粘剂按固化条件分类　　　　　　　　　　　表 4-20

胶粘剂种类	固 化 条 件
室温固化胶粘剂	不需另外加热,在室温(20～30℃)条件下,便可固化
中温固化胶粘剂	需加热到130℃以下固化的胶粘剂
高温固化胶粘剂	需加热到130℃以上固化的胶粘剂
低温固化胶粘剂	在-10～25℃固化的胶粘剂
光敏固化胶粘剂	依靠光能引发固化的胶粘剂
挥发固化胶粘剂	溶剂挥发掉而固化、凝聚,形成黏附膜的胶粘剂

三 胶粘剂在汽车上的应用

随着汽车制造技术的发展及对其性能要求的不断提高,胶粘剂已成为汽车生产所必需的一类重要辅助材料,应用越来越广泛。粘接技术在汽车制造工业中不仅有增强汽车结构、紧固防锈、隔热减振和内外装饰的作用,还可代替某些部件的焊接、铆接等传统工艺,实现相同或不同材质之间的连接,简化生产工序,优化产品结构。在汽车向轻量化、高速节能、延长寿命和提高性能方向发展的道路上,胶粘剂的作用越来越重要。胶粘剂在汽车上的应用位置如图 4-24 所示,具体应用见表 4-21。

图 4-24　胶粘剂在汽车上部分应用位置图

胶粘剂在汽车上的具体应用　　　　　表 4-21

使用工序	胶粘剂名称	应用位置及作用
焊装工序用胶粘剂密封胶	折边胶	采用粘接取代点焊的方法来生产汽车的车门、发动机罩和行李舱盖板等部件的内、外盖板折边后的连接
	点焊密封胶（分膨胀型和非膨胀型两类）	汽车车身由若干块钢板焊接而成，焊缝存在是不可避免的，如果各钣金件连接处的缝隙没有采取有效措施进行密封，汽车在行驶中必然出现漏水、透风和漏尘现象，严重的可能引起焊缝处钢板的锈蚀，使钢板过早穿孔，加速车辆的报废。汽车制造业现在通用的焊缝密封方法是涂布点焊密封胶
	膨胀型防振胶粘剂	车身覆盖件的外板与加强梁、车身驾驶室顶盖与加强梁、发动机罩加强梁以及行李舱盖加强梁等外板的组合，采取焊接方法，存在的缝隙，行车中易振动而生产噪声，而且焊点也破坏外观的平整性，为了克服以上缺点，可以在焊装前，将膨胀型防振胶粘剂涂布在冲压薄板与加强梁结构中，经油漆烘干设备加热固化，胶层具有较高的粘接强度
车身涂装工序用胶粘剂密封胶	焊缝密封胶	主要用于车身焊装后涂在焊缝上的密封胶，起到密封防漏、增强防锈能力和填补焊缝，增加车体美观性的作用
	焊缝密封胶带	是一种预先成型的带状密封材料，随汽车车身烘烤工序一起固化
	防石击涂料	喷涂在汽车底板上，用于缓冲汽车高速行驶过程中，沙石等各种物件对底板的强力冲击，提高底板抗腐蚀能力，延长使用寿命，有助于降低车内噪声，改善乘员的舒适性
	指压密封胶	是一种密封腻子，用手指涂抹、压实，主要用于车身焊装后所形成的较大缝隙、工艺孔的密封以及凹凸不平处的修饰等
汽车总装工序用胶粘剂密封胶	内装饰胶	用于将软质顶棚材料粘贴到车身顶盖上，增添车内美观华饰
	丁基密封胶带	用于车门内板防水膜的粘接密封，与钢板漆面和防水膜均有较强的粘接力
	风挡玻璃胶	用于密封条与车玻璃及窗框的间隙进行粘接密封，能将玻璃和车身紧密结合为一个整体，增强了车身刚性，保证于密封效果，提高了汽车安全性
装配件用胶粘剂密封胶	厌氧胶	汽车发动机、变速器、底盘装配用胶粘剂密封胶，其应用和作用主要表现在各种平面、孔盖、管接头的密封与螺栓的锁固方面，可以防止油、水、气的泄漏和螺栓的松动，直接关系到汽车的正常运行
	硅酮密封胶	

单元小结

（1）橡胶是一种在使用温度下处于高弹性状态的高分子材料。具有高弹性、优良的伸缩性和积储能量的能力；具有高的抗拉强度和疲劳强度、良好的耐磨性、隔音性、不透水、不透气、耐酸碱和电绝缘性；具有耐油、耐化学品腐蚀、耐热、耐寒、耐燃、耐老化、耐辐射性。

(2)按原材料来源与生产方法:橡胶可分为天然橡胶和合成橡胶两大类。按橡胶的外观形态:橡胶可分为固态橡胶(又称干胶)、乳状橡胶(简称乳胶)、液体橡胶和粉末橡胶四大类。根据橡胶的性能和用途:除天然橡胶外,合成橡胶可分为通用合成橡胶、半通用合成橡胶、专用合成橡胶和特种合成橡胶。根据橡胶的物理形态:橡胶可分为硬胶和软胶,生胶和混炼胶等。按性能和用途分:通用橡胶和特种橡胶。

(3)橡胶是汽车上使用较多的一种材料,在汽车车身、发动机、传动、转向、悬架、制动和电器仪表等系统内广泛应用。汽车轮胎是汽车上使用量最大的橡胶零件。汽车上使用的橡胶密封制品主要包括密封条、油封、密封圈、皮碗、防尘套、衬垫等。

(4)塑料是以合成树脂为主要成分或加有其他添加剂,经一定温度、压力塑制成型的高分子材料。

(5)塑料具有质轻、化学性能稳定不会锈蚀、电绝缘性好、导热性低、保温性好、透明性和耐磨性较好等优点;加工性能良好;但耐热性差、易燃烧、耐低温性差、低温下易变脆、易老化。

(6)塑料按理化特性分为热塑性塑料和热固性塑料两种类型;按使用特性可分为通用塑料、工程塑料和特种塑料三种类型。

(7)汽车用玻璃都是安全玻璃,包括夹层玻璃、区域钢化玻璃和钢化玻璃。新型玻璃材料主要有天线夹层玻璃、调光夹层玻璃、热线反射玻璃、除霜玻璃等。

(8)陶瓷是陶器和瓷器的总称。由黏土或主要含黏土(尚有长石、石类)的混合物,经成形、干燥,烧制而成的制品。

(9)陶瓷在结构件(火花塞、活塞环等)和功能件(氧传感器、冷却液温度传感器等)上得到了开发和利用。

(10)胶粘剂又称粘合剂或粘接剂。是通过胶接(粘合、粘接、胶结、胶粘)技术,把同质或异质物体表面连接在一起的物质。

(11)胶粘剂一般由基料、固化剂或催化剂、填料、溶剂和助剂所组成。

(1)实训场地安排4~6辆汽车。全班学生分成若干小组认知橡胶、塑料、玻璃制品在汽车上的使用情况,增强学生的感性认识。

(2)根据已学知识,把各个零件名称填写在评价表上(表4-22)。可以同组学生集体讨论,同时每组派出一名学生现场指出橡胶、塑料、玻璃制品在汽车上的使用部位和名称。

橡胶、塑料、玻璃制品在汽车使用部位认知情况评价表　　表4-22

序号	零件名称	使用部位	得分(写出一个零件得5分)
1			
2			
3			

续上表

序 号	零 件 名 称	使 用 部 位	得分(写出一个零件得5分)
4			
5			
6			
7			
8			
9			
10			
11			
12			
13			
14			
15			
16			
17			
18			
19			
20			
合计得分			

思考与练习

(一)填空题

1. 橡胶是一种在使用温度下处于_____的高分子材料。

2. 按原材料来源与方法:橡胶可分为_____和_____两大类。

3. 塑料是以_____为主要成分的高分子材料。

4. 按使用特性可分为____、____和____三种类型。

5. 汽车用玻璃都是安全玻璃,包括____、____和____。

6. 陶器与瓷器的主要区别在于____、____、____、____不同。

7. 胶粘剂一般由____、____、____、____和____所组成。

(二)判断题

1. 橡胶的主要成分是生胶,生胶不能直接用来制造橡胶制品。 ( )

2. 轮胎的外胎大量使用丁基橡胶。 ( )

3. 塑料的基本性能主要决定于树脂的本性。 ( )

4. 热固性塑料可以反复加热软化和冷却硬化的塑料。 ( )

单元四 汽车常见易损非金属材料

5. 钢化玻璃破碎时碎片呈蜂窝状的钝角小颗粒,无锐角的小碎片。（   ）
6. 陶瓷的抗压强度较高,但抗拉强度较低,塑性和韧性很差。（   ）
7. 胶粘剂主要用于汽车车身的密封和主要部件和总成件的粘接。（   ）

(三) 选择题

1. 硫化是指橡胶加工中加入一定量的(   )的一个重要工艺。
　　A. 硫化剂　　　　B. 补强剂　　　　C. 软化剂　　　　D. 防老剂
2. 工程塑料属于(   )塑料。
　　A. 热塑性塑料　　B. 热固性塑料　　C. 通用塑料　　　D. 特种塑料
3. 汽车保险杠属于(   )。
　　A. 内饰件　　　　B. 外装件　　　　C. 功能件　　　　D. 结构件
4. 玻璃是典型的(   )材料。
　　A. 保温　　　　　B. 刚性　　　　　C. 脆性　　　　　D. 耐热
5. 陶瓷在汽车上的最早应用的零件是(   )。
　　A. 气门　　　　　B. 活塞环　　　　C. 汽缸盖　　　　D. 火花塞
6. 胶粘剂主要成分助剂具有能增加(   ),提高弹性和改进耐寒性的作用。
　　A. 塑性　　　　　B. 刚性　　　　　C. 粘接性　　　　D. 浸透性

(四) 简答题

1. 汽车轮胎如何分类？轮胎上主要使用哪些橡胶？
2. 汽车上使用的橡胶密封制品有哪些？
3. 塑料具有哪些特性？
4. 对汽车用玻璃有什么要求？
5. 陶瓷有哪些特性？
6. 在汽车制造过程中,哪些工序使用了胶粘剂？

单元五　汽车涂装材料

学习目标

1. 了解汽车涂料的概念；
2. 了解汽车涂料的分类；
3. 能分析汽车涂料的性能；
4. 会选用汽车涂料。

建议课时

12 课时。

课题一　汽车涂料

一　汽车涂料的概念和特点

(一)汽车涂料的概念

涂料是一种材料,见图5-1。这种材料可以用浸涂、刷涂、喷涂等不同的施工工艺涂覆在物件表面,形成黏附牢固、具有一定强度、连续的固态薄膜。具有保护、装饰和掩饰产品的缺陷,提升产品的价值的作用。

汽车涂料就是指涂装在轿车等各类车辆车身及零部件上的涂料。一般指新车的涂料及辅助材料和车辆修补用涂料,见图5-2。

(二)汽车涂料的性能特点

汽车涂料的性能特点,见表5-1。

单元五　汽车涂装材料

图 5-1　涂料

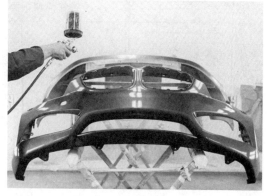

图 5-2　汽车涂料

汽车涂料的性能特点　　　　　　　　　　　　　　　　　　　　　表 5-1

性能特点	说　明
遮盖力	遮盖力通常用能使规定的黑白格掩盖所需的涂料质量来表示,质量越大遮盖力越小
涂抹附着力	表示涂膜与基层的粘合力
黏度	黏度的大小影响施工性能,不同的施工方法要求涂料有不同的黏度
细度	细度大小直接影响涂膜表面的平整性和光泽
耐污染性	指涂层的耐沾污性能
耐久性	包括耐冻融、耐洗刷性、耐老化性
耐碱性	涂料的装饰对象主要是一些碱性材料,因此碱性是涂料的重要特性
最低成膜温度	每种涂料都具有一个最低成膜温度,不同的涂料最低成膜温度不同

二　汽车涂料的组成和分类

(一) 汽车涂料的组成

汽车涂料一般由树脂、颜料、溶剂、助剂组成,见表 5-2。

汽车涂料组成　　　　　　　　　　　　　　　　　　　　　　　表 5-2

组　成	原　料　特　点
树脂	又称为基料、漆料或漆基,是主要的成膜物质,涂料的许多特性主要取决树脂的性能
颜料	为细粉状,或是天然矿物、金属粉,或是化学合成的无机化合物、有机染料。将其掺在汽车涂料中,能赋予一定的遮盖力和颜色,并能增加漆膜的厚度,提高漆膜的耐磨、耐热、防锈等性能
溶剂	是涂料制造和涂装过程中不可缺的组成之一,其作用是将涂料调整到施工所需的黏度,以改善涂料的施工性能并提高涂膜的展平性、光泽和致密性等
助剂	其作用是改进涂料生产工艺、提高质量并赋予某些特殊功能,改善施工性能,如光泽、耐候性、遮盖力、鲜映性和流动性等

(二) 汽车涂料的分类

汽车涂料主要分类有以下七种方法,见表 5-3。

汽车涂料主要分类方法 表 5-3

分类方法	类　　型
按涂装对象	可分为新车原厂涂料、汽车修补涂料
按施工工序	可分为底漆、中涂漆（二道底漆）、面漆、罩光漆（清漆）
按施工方法	可分为刷漆、喷漆、浸漆、电泳漆
按有无颜料	可分为清漆、色漆
按涂料形态	可分为水性涂料、溶剂型涂料、粉末涂料、高固体分涂料
按漆膜性能	可分为防腐漆、绝缘漆、导电漆、耐热漆
按在汽车上使用部位	可分为汽车车身用涂料、货厢用涂料、发动机部件用涂料、底盘用涂料、车内装饰用涂料、车轮、车架等部件用的耐腐蚀涂料

三　汽车涂料的运用

（一）汽车原厂高温漆

汽车原厂高温漆，也称为新车原厂涂料。汽车生产总体包括冲压、焊接、涂装、部装及成品检测几个流程。原厂涂装工艺中的重要工序包括前处理、电泳底漆、中涂底漆和面漆。涂装工艺流程如图 5-3 所示。

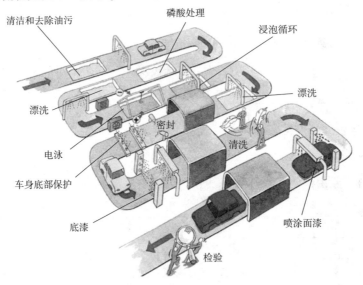

图 5-3　汽车原厂涂装工艺流程

① 前处理工序

金属表面有很多防锈油、冲压油等油脂及灰尘，需要在碱液池中浸洗及喷淋冲洗，然后再经过磷酸池浸洗除锈并形成磷化层，以保证下一道工序电泳底漆的附着力。

② 电泳底漆工序

为了在车身所有位置均匀的涂装防锈涂层，车身会浸入电泳底漆槽涂装水性的电泳底漆。

❸ 中涂底漆工序

此工序的作用是提供良好的填充性,增加电泳底漆与面漆之间的附着力,为面漆提供良好的基础,以保证面漆的光泽度、耐候度。

❹ 面漆工序

此工序目前轿车涂装广泛使用双工序面漆,即先涂装色漆再涂装清漆。在原厂,因为是大面积喷涂,一般采用自动喷涂机进行静电喷涂,以确保高效率的生产。

(二)汽车修补漆

汽车修补漆,也称为汽车修补涂料。其作用是修复因事故等多种原因受损的车辆表面涂层,以恢复汽车漆对车体的保护、防锈、美观作用。补漆工艺主要包括前处理、底漆、原子灰、中涂底漆、调色、面漆、抛光、缺陷处理等工序。

❶ 前处理工序

汽车损伤部位的污染物,在进行喷涂维修时首先要清洁除油和打磨前的遮蔽保护,再去除旧涂层、打磨羽状边。操作见图5-4～图5-7。

图5-4 清洁除油

图5-5 打磨前的遮蔽保护

图5-6 除旧涂层

图5-7 打磨羽状边

❷ 底漆喷涂工序

打磨羽状边后,由于金属暴露在有一定湿度的空气中容易锈蚀,所以要及时施涂防锈底漆,操作见图5-8、图5-9。

❸ 原子灰打磨工序

原子灰是双组分型,使用时要添加固化剂,干燥速度快。原子灰层牢固,附着力强,不易开裂,硬度高。打磨性能好,固化后收缩性小。填眼灰为单组分,常用于喷涂中涂底漆后,刮涂填充小的砂眼、砂纸痕迹。操作见图 5-10 ~ 图 5-21。

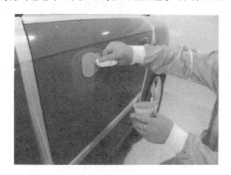
图 5-8　施涂底漆

图 5-9　烤干底漆

图 5-10　刮涂原子灰的保护措施

图 5-11　添加固化剂

图 5-12　原子灰搅拌

图 5-13　混合原子灰

图 5-14　刮涂原子灰

图 5-15　烘干原子灰

图5-16　打磨原子灰前施涂打磨指示层

图5-17　手工打磨原子灰

图5-18　检查原子灰平整度

图5-19　干磨机打磨原子灰

图5-20　原子灰打磨清洁

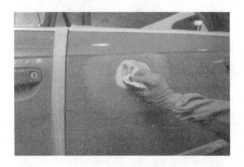
图5-21　擦涂免磨填眼灰

❹ 中涂底漆喷涂工序

在喷涂中涂底漆前,为了防止喷涂产生的虚漆、漆雾外溢粘到其他无须喷涂的工件表面上,需要进行必要的贴护。操作见图5-22。

中涂底漆涂层在面漆之下,主要起到增强涂层间的附着力,对底层提供封闭和填充细微痕迹的作用,操作见图5-23。

中涂底漆干燥后一定要做好打磨工作,以保证附着力,保证为面漆提供一个平滑的基础。操作见图5-24、图5-25。

❺ 调色工序

车辆修补时往往需要对颜色配方进行微调,以更好地与车辆颜色匹配,即平常说的调色。操作见图5-26～图5-31。

图5-22 中涂底漆前遮蔽

图5-23 喷涂中涂底漆

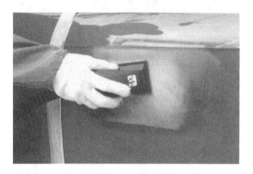
图5-24 手工打磨中涂底漆

图5-25 用双作用干磨机打磨中涂底漆

图5-26 使用测色仪测出最接近的配方

图5-27 对比颜色前使用抛光蜡抛光表面

图5-28 使用色卡比对选择最接近的颜色

图5-29 喷涂试色板

单元五 汽车涂装材料

图5-30 使用不同灰度底色的试色板喷涂比色

图5-31 在试色样板背记录配方

❻ 面漆喷涂工序

在喷涂面漆前,为了防止面漆喷涂到其他无须喷涂的工件、密封条、饰条表面上,需要进行必要的贴护。操作见图5-32、图5-33。

面漆是涂于最外层的漆膜,起着装饰、标识和保护底材的作用,它也是漆膜中唯一可见的部分,所以面漆涂装技术要求很高。操作见图5-34 ~ 图5-36。

喷涂清漆的作用是提供表面亮度、保护色漆及颜料、提高其耐久性。操作见图5-37。

图5-32 面漆喷涂前遮蔽

图5-33 面漆喷涂前使用粘尘布清洁表面

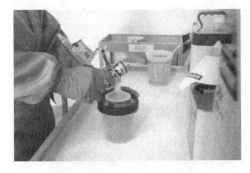

图5-34 面漆经过滤加入枪壶

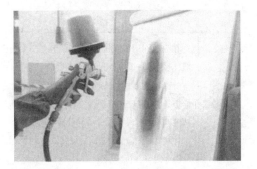

图5-35 喷涂面漆前调试喷枪

四 汽车涂料使用的安全与健康

汽车生产厂家和汽车维修企业所使用的涂料和辅料大部分属于易燃、易爆化学品,在进行汽车涂装时,应严格遵守安全操作规程,了解和掌握安全施工方法,避免职业病、火灾、环境污染,避免对操作者、企业、环境造成伤害。

图5-36 面漆喷涂

图5-37 喷涂清漆

因此,在涂装作业场地应采取防火、防爆、防污染(三防)措施,以避免发生安全事故,保证人员的健康。三防措施见表5-4。

防火、防爆、防污染措施　　　　　　　　表5-4

序　号	措　　　施	图　　示
1	配备足量、有效的消防安全器材	
2	严禁吸烟,严禁明火作业	
3	在涂料库房等有机挥发物浓度比较大的区域,应使用防爆电气设备设置排风设施;尽量不要存放过多的涂料,用完的涂料要及时盖好盖子,避免过多溶剂挥发;涂装作业现场及调漆间应安装排风设备以保持良好通风	
4	采用防静电环氧地坪,避免静电引起火灾	

续上表

序号	措施	图示
5	调漆机、洗枪机等到设备应采取防静电接地	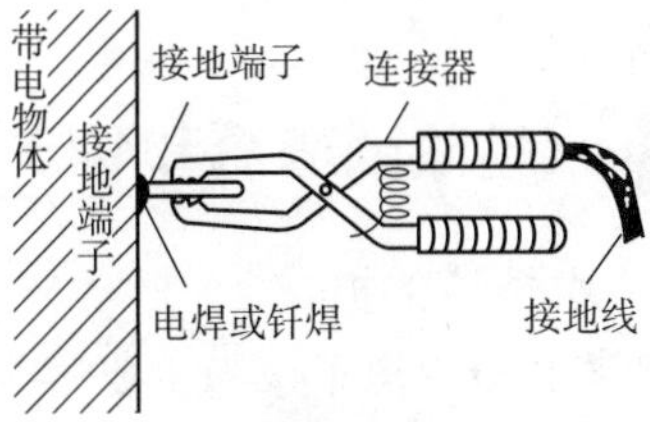
6	及时清理涂装作业现场产生的沾有易燃溶剂的物料,丢弃于专业的油渍废物防火垃圾桶内,防火垃圾桶采用镀锌钢板结构	
7	进行施工操作时,佩戴合适的防护用品:活性炭(过滤式)防护口罩、供气式防护面罩、防尘口罩、防护眼镜、化学防护手套、乳胶手套、棉手套、喷漆工作服、安全工作鞋、耳罩或耳塞等	   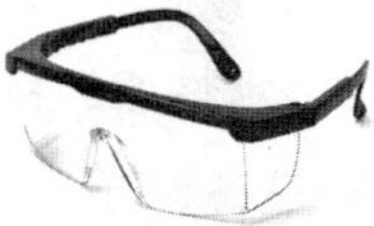 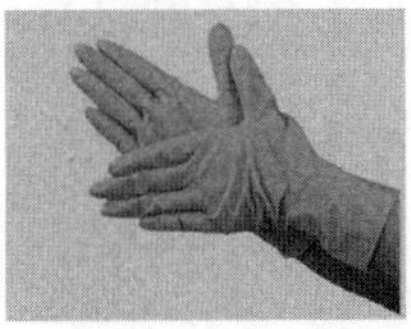 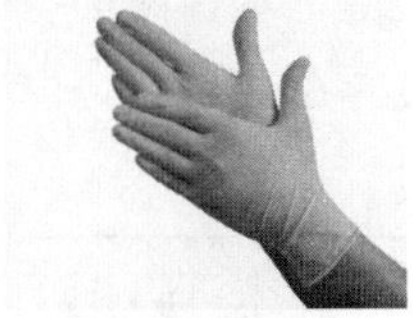 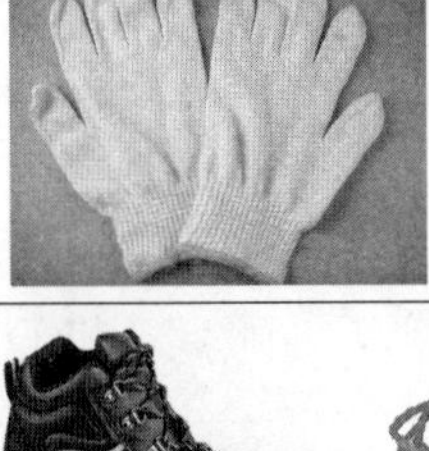   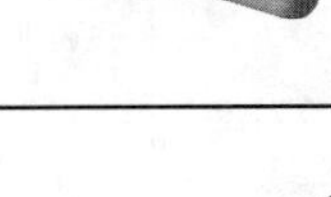

课题二 水 性 漆

一 水性漆的概念和特点

(一) 水性漆的概念

水性漆是以去离子水为主要溶剂、挥发性有机化合物(VOC)含量较低的绿色环保产品。对环境、人类健康的危害比较小,且不易燃。

汽车涂料中挥发性有机化合物(VOC)的排放对环境造成影响主要有三个方面,见表5-5。

VOC 排放对环境的影响　　　　　表5-5

影 响	分 析
影响一	挥发性有机化合物进入大气层后,能与大气中的硫氧化物、氮氧化物、氨等工业废气、汽车尾气排放物通过复杂化学反应产生可吸入肺部的颗粒物
影响二	VOC 是造成酸雨、光化学烟雾等环境问题的主要元凶
影响三	在太阳光的照射下挥发性有机化合物与空气中的氮氧化合物反应生成臭氧(O_3),这些臭氧会存在于地球表面及其上方10km处的对流层中,一旦超过限量,就会导致人类严重的呼吸道疾病,损伤肺部功能

因此,对于汽车涂料的使用,环境保护方面的首要工作就是减少汽车涂料中 VOC 的排放。

(二) 水性漆的特点

1 设备和工具

由于水性漆的特殊性,保存和进行作业时需专用的设备和工具。专用设备、工具特点见表5-6。

水性漆设备和工具　　　　　表5-6

设备、工具	特 点	实 物 图
保温柜	保温柜是存放水性漆的主要设备,由于水性漆在温度低于5℃开始结晶影响其使用,而温度过高也同样影响其储存和使用,水性漆合适储存温度为 5~35℃。因此,保温柜的温度通常会设定在20℃左右	
吹风枪	水性漆吹风枪能在高速流动的气体附近产生低压,从而产生吸附作用,故吹风枪并不只是吹出压力空气供initely,它同时吸入大量周围的空气,保证空气以适当的流速吹过漆膜表面,促使水分蒸发,快速干燥	

续上表

设备、工具	特　点	实　物　图
水性漆喷枪	由于水性底色漆的遮盖性能优于溶剂型油漆，故需要提供更好更精细的雾化效果及更宽的喷幅扇面，以保证水性漆良好的遮蔽性能并降低水性漆用量，喷枪的喷嘴口径一般为1.2~1.3mm	
水性漆烤房	通常无须使用特别安装吹风装置的烤漆房，只要烤漆房风速在0.2~0.6m/s，结合使用水性漆吹风枪即可加快水性漆干燥，提高工作效率	

❷ 水性漆在施工性能方面的特点

水性漆的施工性能特点见表5-7。

水性漆施工性能特点　　　　　表5-7

序　号	特　　点
1	颜色遮盖性能好，水性底色漆较传统溶剂型底色漆平均能节省大约30%的用量，这样就能减少施工时间，提高生产效率，缩短喷漆维修周期，提高客户满意度
2	水性底色漆漆膜厚度较溶剂型底色漆薄，流平更好，表面更光滑，配合以高质量清漆，表面效果更为清澈透亮、光泽更高
3	颜色稳定性好，颜色不易受不同的喷涂手法影响，不容易出现修补区域黑圈等缺陷。驳口修补相对于溶剂型色漆更容易操作
4	干燥速度快，正常情况下用水性底色漆喷涂，闪干总时间为5~10min，而同样情况下使用溶剂型色漆层则需为10~20min
5	喷涂、修补操作方便、颜色、涂膜牢度和耐久度效果更好

二　水性漆的组成和分类

（1）水性漆与溶剂型漆一样，由树脂、颜料、溶剂、助剂组成。其颜料、溶剂、助剂与溶剂型涂料不同，它必须在水中保护较高的化学稳定性，增加树脂在水中的溶解度，调节树脂溶液的黏度，不能破坏涂料的稳定性和耐水性。

（2）水性漆包括水溶型、水稀释型、水分散型（乳胶漆）三种，见表5-8。

水性漆分类　　　　　　　　　　　　　表5-8

分　类	特　性
水溶型	是以水溶性树脂为成膜物,以聚乙烯醇及其各种改性物为代表,除此之外还有水溶醇酸树脂、水溶环氧树脂及无机高分子水性树脂等
水稀释型	是指后乳化乳液为成膜物配制的漆,使溶剂型树脂溶在有机溶剂中,然后在乳化剂的帮助下靠强烈的机械搅拌使树脂分散在水中形成乳液,称为后乳化乳液,制成的漆在施工中可用水来稀释
水分散型	主要是指以合成树脂乳液为成膜物配制的漆。乳液是指在乳化剂存在下,在机械搅拌的过程中,不饱和乙烯基单体在一定温度条件下聚合而成的小粒子团分散在水中组成的分散乳液。将水溶性树脂中加入少许乳液配制的漆不能称为乳胶漆。严格来讲水稀释漆也不能称为乳胶漆,但习惯上也将其归类为乳胶漆

三　水性漆在汽车上的使用前景

目前,溶剂型金属底色漆是VOC排放的主要来源,占整车车身涂装排放总量的50%左右。金属底色漆的固体成分只有15%左右,溶剂含量高达85%,如改为水性漆,VOC排放量可减少80%以上。

因此,对环境保护最有效和直接方法就是降低汽车涂料中VOC的排放,使用水性漆。这是汽车涂装行业发展的趋势。

现在很多汽车生产厂已经全部使用水性电泳底漆、水性底色漆。由于高固成分溶剂型中涂底漆和清漆VOC含量低,能满足全球所有限制VOC排放法律法规,有些汽车生产厂还在使用。不过也有少数汽车生产厂使用水性中涂底漆、水性清漆。

从环境保护方面来说,水性漆的使用特别是水性底色漆的使用,是今后汽车喷涂行业推广的重点。

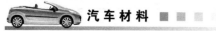

单元小结

(1)汽车涂料就是指涂装在轿车等各类车辆车身及零部件上的涂料,一般指新车的涂料及辅助材料和车辆修补用涂料。

(2)汽车涂料一般由树脂、颜料、溶剂、助剂组成。

(3)在涂装作业场地应做好防火、防爆、防污染措施,以避免发生安全事故,保证人员的健康。

(4)水性漆是以去离子水为主要溶剂、挥发性有机化合物(VOC)含量较低的绿色环保产品。

(5)水性漆包括水溶型、水稀释型、水分散型(乳胶漆)三种。

在喷涂实训场地安排放置若干喷涂保护用品及设备设施。全班学生分成若干小组进行对

喷涂保护用品及设备设施的认识并说出其作用,增强学生的感性认识,填入评价表(表5-9)中。

汽车涂料喷涂防护用品及设备设施认识评价表　　　表5-9

序号	用品名称	具体作用	得分(写出一个用品得5分,写出作用得5分)
1			
2			
3			
4			
5			
6			
7			
8			
9			
10			
合计得分			

思考与练习

(一)填空题

1. 涂料可以用_____、_____、_____等不同的施工工艺涂覆在物件表面,形成黏附牢固、具有一定强度、连续的固态薄膜。

2. 汽车涂料一般由_____、_____、_____、_____组成。

3. 汽车喷涂维修作业主要包括____、____、____、____、____、____、____等工序。

4. 水性漆主要优点是对_____、_____的危害比较小,且不易燃。

(二)判断题

1. 涂料具有保护、装饰和掩饰产品的缺陷,提升产品的价值的作用。　　(　　)

2. 高固成分溶剂型中涂底漆和清漆 VOC 含量高。　　(　　)

3. 喷涂清漆的作用是提供亮度、对色漆及颜料的保护性、耐久性。　　(　　)

4. 对汽车行业来说,环境保护方面的首要工作就是减少汽车涂料中 VOC 的排放。
　　(　　)

(三)选择题

1. 涂料的许多特性主要取决(　　)的性能。
　A. 树脂　　　　B. 颜料　　　　C. 溶剂　　　　D. 助剂

2. 今后汽车喷涂行业主要推广和广泛使用的水性漆是(　　)。
　A. 水性电泳底漆　　B. 水性底色漆　　C. 中涂底漆　　D. 清漆

3. 水性漆保温柜的温度通常会设定在(　　)左右。
   A. 10 ℃　　　　　B. 15℃　　　　　C. 20℃　　　　　D. 25℃
4. 在进行汽车涂装时,应做好防护措施,避免(　　)发生,造成对操作者的伤害。
   A. 违规操作　　　B. 火灾　　　　　C. 环境污染　　　D. 职业病

(四)简答题

1. 什么是汽车涂料?
2. 什么是水性漆?

单元六　汽车运行材料

学习目标

1. 了解汽车运行材料的组成及使用要求；
2. 了解汽车运行材料的使用性能；
3. 能分析汽车运行材料在汽车上的使用性能；
4. 会选用汽车运行材料。

建议课时

24 课时。

一 汽油

(一)汽油的组成及使用要求

1 汽油的组成

汽油是从石油中提炼出来的，由碳、氢元素组成的烃类化合物。车用汽油是应用于点燃式发动机(即汽油发动机)的专用燃料。车用汽油的外观一般为水白色或淡黄色的透明液体，密度一般在 $0.71\sim0.75\text{g/cm}^3$ 之间，有特殊的汽油芳香味，如图 6-1 所示。

2 汽油使用要求

(1)汽油机的构造及其工作原理。

汽油机又称点燃式发动机，主要用于轻型汽车、螺旋桨飞机和快艇等，其工作原理如图 6-2 所示。

图 6-1 汽油

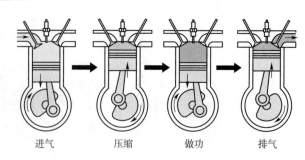

图 6-2 汽油发动机的四个工作过程

汽油机在经历进气、压缩、做功、排气四个过程后就完成了一个工作循环。在汽油进入汽缸之前,能迅速气化并与空气形成可燃性混合气。一般汽油在进气管中的停留时间为 0.005~0.05s,在汽缸中的停留时间为 0.02~0.03s。在汽油机工作时,汽油能在各种条件下可靠起动,平稳运转、正常燃烧,因此,其性能的好坏对内燃机的动力性、经济性、可靠性、和使用寿命都有很大的影响。

(2)汽油机对燃料的使用性能要求,见表 6-1。

汽油机对燃料的使用性能要求　　　　　　表 6-1

序　号	要　求　内　容
1	蒸发性能良好
2	燃烧性能良好,不产生爆震
3	储存安定性好,生成胶质的倾向小
4	对发动机没有腐蚀性

(二)汽油的使用性能及评价指标

❶ 汽油的蒸发性

指汽油由液态转化为气态的性质。反映汽油蒸发性能的质量指标是馏程和饱和蒸气压。

(1)馏程:燃油在规定条件下蒸馏出某一百分比的温度范围。

汽油馏程的测定常用馏程测定装置,如图 6-3 所示。其测定过程大致如下:将 100mL 试样汽油倒入烧瓶中,按一定的条件加热,汽油受热蒸发成蒸气,进入冷凝管,经冷凝器冷却后又变为液体汽油流入量筒中。

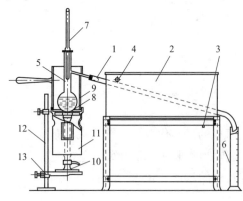

图 6-3 石油产品馏程测定器

1-冷凝管;2-冷凝器;3-进水支管;4-排水支管;5-蒸馏烧瓶;6-量筒;7-温度计;8-石棉垫;9-上罩;10-喷灯;11-下罩;12-支架;13-托架

从冷凝管流出第一滴汽油的温度称为初馏点,馏出量为 10mL、50mL、90mL 时的各个温度,分别称为 10%、50%、90% 的馏出温度。汽油蒸馏结束时的温度称终馏点或干点,烧瓶中最后剩下的少量不蒸发物称为残留量。表 6-2 为馏程的各项指标。

馏程的各项指标 表6-2

馏程各项指标	指 标 意 义	发动机的性能
10%馏出温度	汽油中轻质组分的含量	冷起动性好;过低,易气阻
50%馏出温度	汽油的平均蒸发性能	汽车的加速性和平稳性好,暖机时间短
90%馏出温度	汽油中重质组分的含量	生成胶质等情况
终馏点	汽油中最重质组分的沸点	冒黑烟情况等情况
残留量	油品中组分缩合和氧化生胶情况	

(2) 饱和蒸气压

汽油的饱和蒸气压又称雷德饱和蒸气压(简称 RVP)。其定义如下:在规定条件下燃油和燃油蒸气达到平衡状态时,燃油蒸气的压力。饱和蒸气压测定装置如图6-4所示。

饱和蒸气压是蒸发性好坏的重要质量指标,饱和蒸气压越大,表明汽油的蒸发性越好。饱和蒸气压高,表明汽油中含有较多的低分子组分,容易在发动机供油系统中产生气阻,在储存和运输过程中较易产生蒸发损失,着火的危险性也较大,因而饱和蒸气压可以作为衡量汽油机燃料供给系统是否产生气阻倾向的指标,也可相对衡量汽油在储存和运输过程中的损耗倾向和安全性。我国标准《车用汽油》(GB 17930—2013)规定汽油蒸气压从9月1日至次年2月29日不大于88kPa;从3月1日至8月31日不大于74kPa。

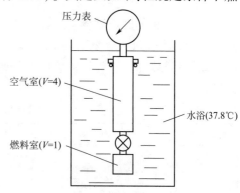

图6-4 雷德饱和蒸气压测定装置

2 汽油的安定性

(1) 汽油安定性的定义:汽油在常温和液相条件下抵抗氧化的能力。

安定性差的汽油在储存和运输的过程中易发生氧化反应,生成胶质,如图6-5a)所示,使油品颜色变深,并产生胶状沉淀。沉积在进、排气阀上的积炭,导致阀门关闭不严。沉积在汽缸盖、活塞上的积炭,造成汽缸散热不良,温度升高,以致增大爆震燃烧的倾向。由此可见,汽油的安定性差会严重影响发动机的正常工作。

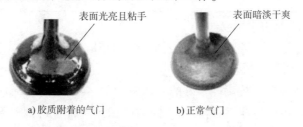

a) 胶质附着的气门   b) 正常气门

图6-5 汽油胶质

(2) 外界条件对汽油安定性的影响。

汽油的变质除了与本身的化学组成有关外,还与许多外界条件有关,如温度、金属表面的作用、与空气的接触面积、水分的影响等。这些物质都会促进胶质的生成。

(3)评定汽油安定性的指标见表6-3。

评定汽油安定性的指标　　　　　　　　　　　　表6-3

评价指标	概　念
碘值	利用碘与不饱和烃的加成反应,测定汽油中的不饱和烃含量。以100g样品消耗碘的克(g)数来表示,碘值越大,汽油中不饱和烃含量越高,其安定性越差
实际胶质	在150℃的温度下,用热空气吹过汽油表面,使它蒸发至干,所留下的棕色或黄色残余物就是实际胶质,以100mL试油中所得的残余物的毫克(mg)数来表示。实际胶质可用来表征进气管道和进气阀上可能生成沉积物的倾向

❸ 汽油的抗爆性

(1)汽油机的爆震燃烧。

汽油在发动机中燃烧不正常时,会出现车身强烈振动的情况,并发出金属敲击声,同时发动机功率降低,排气管冒黑烟,严重时还会导致机件损坏,又称为敲缸或爆燃。特点见表6-4。

汽油机两种燃烧的特点　　　　　　　　　　　　表6-4

燃烧状态	示　意　图	火焰数量	燃　烧　特　点
正常燃烧		一个	汽缸中被压缩的可燃混合气被电火花点燃后,形成一个火焰中心并向四周传播,从而产生热量,使气缸内压力升高,推动活塞做功。发动机温度上升均匀,动力得到充分发挥而且运转平稳柔和
爆震燃烧		多个	当可燃混合气在汽缸内被点燃后,一部分未燃混合气因受到正常火焰焰面的压缩和热辐射作用,温度、压力急剧升高;化学反应加剧,在正常火焰焰面未到达之前,这部分未燃混合气就已自行燃烧,形成多个新的火焰中心,从而使汽缸内压力骤然上升,产生强烈的冲击波,撞击汽缸壁和活塞,同时发出清脆的金属敲击声

(2)评定汽油抗爆性的指标。

汽油的抗爆性:衡量燃料是否易于发生爆震的性质。汽油的抗爆性是用辛烷值(简称ON)来表示的,辛烷值越高,抗爆性越好。

标准燃料(人为规定):抗爆性很好的异辛烷(2,2,4-三甲基戊烷)的 ON=100 和抗爆性很差的正庚烷的 ON=0。两种物质以不同的体积比混合可得到一系列的标准燃料,标准燃料中异辛烷的体积百分数就是其辛烷值。将待测汽油与一系列辛烷值不同的标准燃料在标准试验用单缸发动机上进行对比,与所测汽油抗爆性相同的标准燃料的辛烷值就是所测汽油的辛烷值。

测定方法主要有两种:马达法(Motor method)辛烷值(简称MON)和研究法(Research

method)辛烷值(简称 RON)。用研究法测定时,由于发动机的转速和混合气温度与马达法相比都较低,因而所得的 RON 比 MON 要高 5~10 个单位。此外,还有两种表示汽油辛烷值的方法:

道路辛烷值:是用汽车进行实测或在试验机上模拟汽车的行车条件而测得的,它介于 MON 与 RON 之间。

抗爆指数:为 MON 和 RON 的平均值,可近似表示汽车的道路辛烷值,也是衡量车用汽油抗爆性的指标之一。

(3)提高汽油的抗爆性的方法。

一种方法是加少量能提高汽油辛烷值的添加剂——抗爆剂。以前最常用的是四乙基铅,但四乙基铅有剧毒,为防止中毒,加铅汽油中通常加入红色、黄色或蓝色染色剂,以便识别,目前已经淘汰。现在主要是非铅抗爆剂(如 MMT 等)。优点是用量少(万分之一左右),辛烷值提高效果明显(2~3 个点)。另一种方法是依靠生产工艺:如催化裂化、催化重整、烷基化、异构化和醚化等加工过程,使汽油改质,增加其中的芳烃、异构烷烃等高辛烷值组分的含量。我国大型炼油厂多采用催化裂化工艺生产车用汽油组分。

(4)汽油机的压缩比与爆震燃烧的关系。

汽油机是否产生爆震燃烧,除了与汽油的抗爆性有关外,还与汽油机的压缩比有密切的关系。压缩比越大,压缩终了时的混合气的温度和压力越高,产生爆震的倾向越大。

汽油机的压缩比越大,所需汽油的辛烷值就越高。压缩比越高,汽油机的热效率越高,耗油量越低。提高发动机的压缩比可以提高汽缸内燃气的爆发压力,也就提高了发动机的功率,同时燃料的消耗率也可以降低。汽车的发展对于汽油的要求就是提高汽油的辛烷值。

(三)车用汽油的牌号和选用

1 汽油的牌号

按《车用汽油》(GB 17930—2013),车用汽油按硫含量等质量指标不同,分为车用汽油 II 和车用汽油 III;按研究法辛烷值指标不同,车用汽油的牌号划分为 90 号、93 号和 97 号。汽油牌号与辛烷值的对应关系见表 6-5。

汽油牌号与辛烷值的对应关系　　　　表 6-5

类　　别	对　应　关　系			
汽油牌号	90	93	95	97
研究法辛烷值(RON)	90~93	93~95	95~97	>97

2 汽油的选用

(1)根据汽车生产厂家规定选用汽油。

在随车提供的汽车使用说明书中一般都有明确的规定和说明。汽车使用说明书是汽车生产厂为保证汽车能正常、可靠地行驶,充分发挥和保持良好的技术性能,延长汽车使用寿命而提供给用户的使用须知,是汽车使用技术(包括燃油和润滑油的选用)的主要依据。如果不按照使用说明书规定的要求选用规定牌号的汽油,所产生的危害是很大的。

(2)根据发动机压缩比选用汽油。

汽油使用的一般的原则是:压缩比为7.0~8.0的汽油机应选用90号汽油;压缩比在8.0以上的汽油机应选用93号或97号汽油。

国产汽油辛烷值的离散度比较大,油品质量级别较低。因此,按规定牌号使用汽油,如果所用牌号汽油的抗爆性不能满足该车型要求时,应选用更高一级牌号的汽油。

(3)根据汽车使用条件选用汽油。在选用汽油牌号时,还要考虑发动机使用条件、海拔高度、大气压力等因素。经常处于大载荷、大扭矩、低转速状况下使用的汽油机(如拖挂运行的汽车),容易产生爆震,应选用较高辛烷值的汽油(指与在正常使用条件下的汽车相比);高原地区由于大气压力小,空气稀薄,汽油机工作时爆震倾向减小,可适当降低汽油的牌号。经验表明,海拔每上升100m,汽油辛烷值可降低约0.1个单位。

二 柴油

(一)柴油的组成及使用要求

1 柴油的组成

柴油为轻质石油产品,复杂烃类(碳原子数约10~22)混合物,是柴油机的燃料。主要有原油生产的柴油馏分调配而成;也可由页岩油加工和煤液化制取。车用柴油的外观一般为茶黄色或棕褐色,挥发慢,易燃易挥发,不溶于水,易溶于醇和其他有机溶剂,如图6-6所示。

2 柴油机的使用要求

由于柴油机较汽油机热效率高,功率大,燃料单耗低,比较经济,故应用日趋广泛。它主要作为拖拉机、大型汽车、内燃机车及土建、挖掘机的动力,柴油机的原理部分结构如图6-7所示。

图6-6 柴油

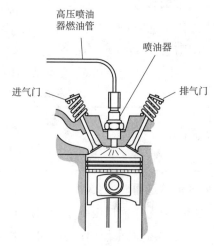

图6-7 柴油机原理部分结构图

柴油机和汽油机的工作循环是一样的,都包括进气、压缩、做功、排气四个工作过程,但是二者在工作原理上存在本质的区别,柴油机是在压缩过程中活塞接近上止点时,借助

喷油设备将燃油在高压下成雾状喷入燃烧室,以便与空气形成可燃混合气。表6-6为柴油机对燃料的使用要求

柴油机对燃料的使用要求 表6-6

序 号	使 用 要 求
1	良好的自燃性能
2	良好的蒸发性能
3	适当的黏度和良好的低温性能
4	安定性好
5	对发动机没有腐蚀作用

(二)柴油的使用性能及评定指标

1 柴油的自燃性

柴油的自燃性好是指柴油喷入燃烧室内与空气形成均匀的可燃混合气之后,能在较短的时间内发火自燃并正常完全燃烧。

(1)评定柴油发火性能的指标——十六烷值(简称CN)。

十六烷值是衡量柴油在压燃式发动机中发火性能的指标。

柴油十六烷值的高低与其燃烧性能的关系见表6-7。

柴油十六烷值的高低与其燃烧性能的关系 表6-7

名 称	十 六 烷 值		
	低	高	过高
自燃点	高	低	很低
燃烧情况	燃料发火燃烧困难	燃料的发火性能好	燃烧过程中形成的过氧化物太多,自燃速度极快
发动机情况	发动机工作不平稳	燃烧完全,发动机工作平稳	燃料来不及燃烧,就随废气排出

因而柴油的十六烷值应当适宜,过高地提高它是不适当的。

(2)十六烷值的测定方法。

与汽油辛烷值的测定方法相类似。人为规定标准燃料:正十六烷的 $CN=100$;α-甲基萘的 $CN=0$。将这两种标准燃料按不同的体积比混合,即可配成不同十六烷值的标准燃料,其正十六烷的体积百分数即表示该标准燃料的十六烷值。把待测燃料与标准燃料在标准的单缸试验机上进行比较,与发火性能相同的标准燃料的十六烷值即为所测燃料的十六烷值。

2 柴油的蒸发性

评定柴油蒸发性能的指标:

(1)馏程:主要指标是50%和90%馏出温度。我国轻柴油的馏程范围一般在180~380℃,馏程中要求柴油的50%馏出温度不高于300℃,50%馏出温度越低,柴油中的轻馏分越多,发动机起动时间越短。

90%馏出温度不能高于355℃,90%馏出温度越低,柴油中的重馏分越少,燃烧越完全。

95%的馏出温度不能高于365℃。重柴油没有规定馏程指标,只限制残炭的含量。

(2)闪点:是在规定的试验条件下,液体表面发生闪燃的最低温度。假如柴油的闪点太低,不仅其蒸发性太强,而且还不安全。

因此,为了控制柴油的蒸发性不致太强,在标准中规定了柴油的闪点,它是保证柴油安全性的质量指标。

❸ 柴油的流动性

(1)黏度:柴油的黏度对柴油机中的供油量的大小以及雾化的好坏有密切的关系。

黏度过小:易从高压油泵的柱塞与泵筒之间的间隙回漏,导致供油不足,功率下降。

黏度过大:泵送困难,导致供油不足。

(2)低温流动性:柴油的低温流动性是影响到柴油在低温下的供油、储存和运输的正常与否的性能。评定柴油的低温性能的指标有凝点和冷滤点。

(3)凝点:在规定条件下,试油遇冷开始凝固而失去流动性的最高温度,以℃表示。油品中的蜡含量越多,凝点就越高。

凝点是划分柴油牌号的依据:如0号柴油表示该柴油凝点不高于0℃。

(4)冷滤点:试油在规定的条件下通过过滤器的流量低于20mL/min时的最高温度。

由于冷滤点的测定条件近似柴油的使用条件,因而可以用它来粗略判断柴油可能使用的最低温度。

❹ 柴油的安定性、腐蚀性、洁净度

(1)柴油的安定性:柴油的安定性包括储存安定性和热安定性。

①柴油的储存安定性与热安定性。柴油在储存和运输过程中抵抗氧化变质的能力称为柴油的储存安定性,储存安定性良好的柴油,在储存和运输过程中能较好地保持其颜色不变深,实际胶质变化不大,基本上不生成沉淀,宜于长期保存。

②柴油安定性的评定指标。柴油的安定性一般用实际胶质和10%蒸余物残炭来评定。

实际胶质高,造成喷油嘴和滤清器堵塞,导致汽缸内沉积物增加,磨损加剧。我国轻柴油规定:实际胶质不大于70mg/100mL试油。10%蒸余物残炭在一定程度上大致反映柴油在喷嘴和汽缸中形成积炭的倾向。

(2)柴油的腐蚀性:柴油中含有硫及硫化物、水分及酸性物质,对零件产生腐蚀作用,燃烧后的排放污染严重,而且促进柴油机沉积物的生成。

(3)柴油的洁净度:影响柴油洁净度的主要物质是水分和机械杂质。

水分较多,燃烧时降低发热值,在低温还容易结冰,使燃料供给系统堵塞。柴油中含有机械杂质会堵塞油路,加速磨损。规定柴油中的机械杂质为无。

(三)柴油的品种和选用

❶ 柴油的品种和牌号

我国的柴油分为轻柴油和重柴油。轻柴油适用于高速柴油机;重柴油适用于低速和中速柴油机;按其凝点分为六个牌号:10、0、-10、-20、-35、-50。

按质量等级分为合格品、一级品、优级品三个档次。

2 柴油牌号的选用

(1) 按所在地区季节气温来选用。

所选柴油牌号（凝点）要比当地当月最低气温低 3~5℃，气温高选用高牌号油，气温低选用低牌号油。

为了充分利用资源与降低成本，不同牌号的柴油可以掺兑使用。

(2) 对照当地当月风险率为 10% 的最低气温选择柴油牌号。

风险率为 10% 最低气温，反映最低气温低于该值的概率为 10%。例如河北省，一月份风险率为 10%、最低气温为 -14℃，指一个月按 30 天计算，可能有 3~4 天气温低于 -14℃。选用柴油可参考表 6-8。

各地选用车用柴油可参考　　　　　　　　　　　　　　　　　表 6-8

牌号	适用地区季节	适用最低气温(℃)
10	全国各地 6~8 月和长江以南地区 4~9 月	12
0	全国各地 4~9 月和长江以南地区冬季	3
-10	长江以南地区冬季和长江以南地区严冬	-7
-20	长城以北地区冬季和长城以南、黄河以北地区严冬	-17
-35	东北和西北地区严冬	-32
-50	黑龙江的漠河和新疆的阿尔泰地区严冬	-45

3 柴油的使用注意事项

(1) 柴油加入油箱前，要充分沉淀(不少于 48h)，然后用麂皮、绸布或细布仔细过滤，除去杂质。

(2) 在寒冷地区，缺乏低凝点柴油时，可向高凝点、轻柴油中掺入 10%~40% 的裂化煤油以降低凝点，掺兑后应注意搅拌均匀。

(3) 严禁向柴油中掺入汽油，因为汽油发火性差，掺汽油会导致发动机起动困难，甚至不能起动。

(4) 在低温发动机起动困难时，可采用适当的预热措施，提高发动机温度，也可另用起动燃料帮助起动。

三 汽车新能源

由于汽车的生产量和保有量不断增加，石油的日益枯竭，迫使人们不断地开发新的能源。另一方面汽车用的汽油、柴油，造成的环境污染，也是人们使用其他清洁能源替代石油产品的重要原因。目前，利用其他能源来提供汽车动力的汽车均可称为新能源汽车。2007 年 11 月发布的《新能源汽车生产准入管理规则》首次明确了新能源汽车的概念和范围。新能源汽车是指采用非常规的车用燃料作为动力来源（或使用常规的车用燃料、采用新型车载动力装置），综合车辆的动力控制和驱动方面的先进技术，形成的技术原理先进、具有新技术、新结构的汽车。

新能源汽车包括混合动力汽车、纯电动汽车、燃料电池汽车、氢发动机汽车、其他新能源（如高效储能器、二甲醚）汽车等。目前正在开发的新能源包括天然气、液化石油气、醇类、二甲醚、氢、燃料电池等。

(一) 天然气汽车

1 天然气

天然气汽车以天然气为燃料提供动力。天然气的甲烷含量90%以上,是很好的汽车发动机燃料。天然气汽车在世界和我国各省市得到了推广应用。车用压缩天然气的压力一般在20MPa左右。可将天然气,经过脱水、脱硫净化处理后,经多级加压制得。其使用时的状态为气体。压缩天然气汽车如图6-8所示。

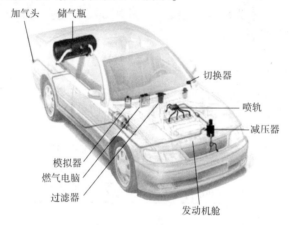

图6-8 压缩天然气汽车

2 天然气的特点

天然气的特点,见表6-9。

天然气的特点　　　　　　　　表6-9

序　号	特　　　点
1	燃烧稳定,不会产生爆震,并且冷热起动方便
2	压缩天然气储运、减压、燃烧都在严格的密封状态下进行,不易发生泄露。另外其储气瓶经过各种特殊的破坏性试验,安全可靠
3	压缩天然气燃烧安全,积炭少,减少气阻和爆震,有利于延长发动机各部件的使用寿命,减少维护修理次数,可大幅度降低维护修理成本
4	可减少发动机的机油消耗量
5	使用压缩天然气与汽油相比,可大幅度降低一氧化碳、二氧化硫、二氧化碳等的排放,没有苯、铅等为致癌和有毒物质危害人体健康

天然气以其丰富的自然资源和低排放性能受到各国的普遍重视,包括富气贫油的国家和环保要求严格的国家。我国天然气汽车起步于20世纪50年代的"气囊车"。现在,我国改装压缩天然气技术汽车已经成熟,成立了"全国天然气汽车协调领导小组",计划未来大力发展天然气汽车。

(二) 液化石油气汽车

液化石油气(LPG)是指以丙烷及丁烷为主体的碳氢化合物的混合物,来源于油井气、石油加工的副产品和煤制取液体燃料时的副产品等。燃用液化石油气的汽车称为液化石油气汽车(LPGV)。

液化石油气(LPG)是一种在常温常压下为气态的烃类混合物,比空气重,有较高的辛烷值,具有混合均匀、燃烧充分、不积炭、不稀释润滑油等优点,能够延长发动机使用寿命,而且一次载气量大、行驶里程长。

20世纪80年代初期,日本出现一种液化气汽车,到80年代末,全日本30万辆出租汽车几乎全部采用液化气燃料。这种汽车在泰国、韩国等地也迅速得到了推广应用。

液化石油气汽车燃料费仅是汽油的一半,而且发动机寿命长,冷起动性能好,运行稳定,为许多汽车生产厂家所看中。

(三) 电动汽车

电动汽车(EV)是指以车载电源为动力,用电动机驱动车轮行驶,符合道路交通、安全法规各项要求的车辆。由于对环境影响相对传统汽车较小,其前景被广泛看好,但当前技术尚不成熟。驱动系统组成如图6-9所示。

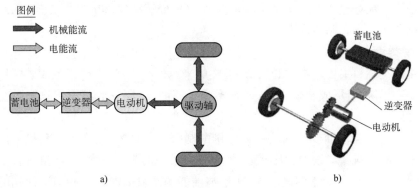

图6-9 电动汽车驱动系统示意图

工作原理:蓄电池→电流→电力调节器→电动机→动力传动系统→驱动汽车行驶。世界上第一辆电动汽车由美国人在19世纪90年代制造。

1 类型

有纯电动、燃料电池和混合动力电动汽车。

2 特点

电动汽车的特点是汽车完全或部分由电力通过电动机驱动,能够实现低排放和零排放。其特点见表6-10。

各类电动汽车的特点　　　　　表6-10

类　型	优　点	缺　点
纯电动汽车	1. 不消耗石油资源; 2. 零排放; 3. 平稳、低噪声、振动小; 4. 操作简单; 5. 制动摩擦小	1. 价格高; 2. 续驶里程少; 3. 车身质量大; 4. 电池寿命短

续上表

类　型	优　点	缺　点
燃料电池电动车	1. 能量转换高(是普通汽车的2～3倍); 2. 污染小; 3. 噪声低; 4. 运动部件少	1. 生产成本高,是普通汽车的10倍以上; 2. 总体安全性差; 3. 瞬时响应特性差; 4. 大批量生产技术不成熟; 5. 寿命短; 6. 质量大
混合动力电动汽车	1. 基础设施不改变; 2. 技术性能相对成熟; 3. 污染小; 4. 噪声低; 5. 操作简单	1. 成本稍高,是传统汽车的1.3倍; 2. 电池的耐用性、使用寿命有待提高

当前,在各种新能源汽车的技术路线中,以混合动力、纯电动汽车和燃料电池汽车为代表的电动汽车被普遍认为是未来汽车能源动力系统转型发展的主要方向,已经成为世界汽车强国和主要汽车制造商发展的重点。

(四)醇类汽车

汽车用醇类燃料主要是甲醇和乙醇,醇类的来源极其丰富,生产工艺成熟。甲醇主要从煤和石油中提炼,若形成规模生产,成本不高于汽油;乙醇一般利用谷物和野生植物生产,成本较低。

醇类燃料可以与汽油或柴油按一定比例配制而成混合燃料,亦可以直接采用醇类燃料作为发动机的燃料。与汽油相比,醇类燃料具有较高的输出效率,能耗量折合油耗量较低,由于燃烧充分,有害气体排放较少,属于清洁能源。目前西方一些国家使用醇类燃料与汽油掺混使用,掺混比例在5%～15%时可不更改发动机结构,产品已经正式投放市场。更大比例掺混燃料处于研究试验阶段。作为醇类燃料的推广,主要困难是甲醇产量较低,成本稍高;甲醇有毒,公众不易接受;冷起动困难,具有较强腐蚀性等。随着技术的进步,醇类燃料将有很大的发展使用空间。

醇类燃料汽车发展得较早,和天然气汽车一样,都是新能源和低公害汽车。到目前为止,在技术方面和成本方面醇类汽车已达到实用阶段。在巴西,有30%以上的汽车是乙醇汽车。

我国醇类燃料有着广泛的发展前景。2001年4月15日起开始实施的《变性燃料乙醇》(GB 18350—2001)、《车用乙醇汽油》(GB 18351—2001)两项国家强制性标准,促进了车用醇类燃料的使用。

(五)氢燃料汽车

氢燃料汽车是指以氢为主要能量作为移动的汽车。氢燃料电池的原理是把氢输入燃料电池中,氢原子的电子被质子交换膜阻隔,通过外电路从负极传导到正极,成为电能驱动电动机;质子却可以通过质子交换膜与氧化合为纯净的水雾排出。Mazda5氢转子发动机混合动力车如图6-10所示。

氢是可以取代石油的燃料,其燃烧产物是水和少量氮氧化合物,对空气污染很少。氢气可以从电解水、煤的气化中大量制取,而且不需要对汽车发动机进行大的改装,因此氢能汽车具有广阔的应用前景。推广氢能汽车需要解决三个技术问题:大量制取廉价氢气的方法,传统的电解方法价格昂贵,且耗费其他资源,无法推广;解决氢气的安全储运问题;解决汽车所需的高性能、廉价的氢供给系统。随着储氢材料的研究进展,可以为氢能汽车开辟全新的途径。而最近,科学家们研制的高效率氢燃料电池,更减小了氢气损失和热量散失。

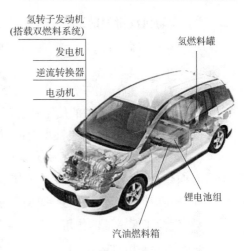

图 6-10　Mazda5 氢转子发动机混合动力车

在 1965 年,外国的科学家们就已设计出了能在马路上行驶的氢能汽车。中国也在 1980 年成功地造出了第一辆氢能汽车,可乘坐 12 人,储存氢材料 90kg。氢能汽车续驶里程长,使用寿命长,最大的优点是不污染环境。

课题二　汽车润滑材料

一、发动机润滑油

(一) 发动机润滑油的工作条件及作用

汽车发动机需有润滑油的可靠润滑才能确保其正常工作。汽车发动机润滑油(特指机油)犹如人体的血液(图 6-11)一样,在发动机中发挥着重要作用。发动机润滑油主要包括汽油机油、柴油机油两种。发动机油的主要润滑部位是主轴承、凸轮轴、联杆轴、减速齿轮、活塞销子、活塞环、汽缸内壁等,如图 6-12 所示。

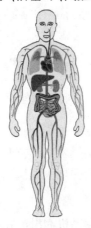

图 6-11　人体血管示意图

图 6-12　汽车发动机润滑油路示意图

❶ 发动机润滑油的工作条件

随着发动机向高速和大功率的方向发展,它的工作条件也越来越苛刻,其主要特点是:

(1) 使用温度高:由于发动机的汽缸和活塞都直接与燃气接触,而燃气的最高温度高达 2 000℃,所以发动机油的使用环境温度高。

(2) 摩擦件的荷载大:主轴承处荷载高达 5~12MPa,活塞销轴承处达 35MPa。

(3) 运动速度多变:活塞在汽缸中的运动速度是周期性变化的,速度最快时可达 10m/s,而在上止点和下止点的速度为零。

(4) 所处环境复杂:一般发动机油都是循环使用的,它长时间与氧气和金属接触。

❷ 发动机润滑油的作用

润滑油的作用见图 6-13。

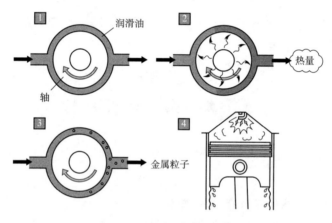

图 6-13 发动机润滑油的作用

(1) 润滑:在各个发动机部件上形成油膜润滑金属表面,从而减少金属表面的摩擦。

(2) 冷却:吸收那些不容易为冷却系统冷却的区域(如活塞及其他互相接触的表面)的热量,从而冷却发动机。

(3) 清洗:使燃烧产生的污物和油中的金属颗粒悬浮而不允许其在内部零件上形成沉积物。

(4) 密封:发动机机油在活塞和气缸之间形成油膜。油膜起密封作用,可以减少气流的流失。

(二) 发动机润滑油的使用性能

❶ 黏度

黏度是润滑油的主要质量指标之一,黏度太大,不仅浪费燃料,损失功率,而且还会增加发动机的磨损。黏度太小,不能够形成足够厚的油膜,也同样加大磨损。

❷ 黏温性质

黏温性质也是发动机油的一项重要的质量指标。由于发动机润滑油在使用过程中温度变化幅度较大,起动时是常温,而正常运转时温度可高达 300℃,因而这就要求发动机润滑油的黏度随温度的变化幅度较小,即要求有较高的黏度指数(VI)。黏度指数越大,表明黏度受温度的影响小。

3 抗氧化安定性

发动机油的使用温度高,而且还循环使用,并经常与氧气和金属接触,因而发动机油很容易氧化变质。这就要求发动机油具有较高的氧化安定性。

4 清净分散性

清净分散性是指将各类沉积物尽量从金属表面洗涤下来并分散在润滑油中的性能。由于发动机润滑油的使用条件比较苛刻,因而生成沉积物是不可避免的。其沉积物主要分为三类:

(1)积炭:润滑油的高温分解产物,主要生成于活塞顶部、燃烧室壁、阀门等高温部位,如图 6-14 所示。

(2)漆膜:这是润滑油的氧化产物,主要生成于凸轮轴处、活塞环槽及活塞裙部,如图 6-15 所示。

(3)油泥:由水、润滑油、固体杂质形成的乳状沉积物,主要沉积于进气歧管、曲轴箱、输油管等低温部位,如图 6-16 所示。

图 6-14　活塞顶部的积炭

图 6-15　凸轮轴处形成的漆膜

图 6-16　进气歧管处产生的油泥

由于发动机润滑油在工作过程中生成沉积物,因而需要靠加入清净分散添加剂来满足润滑油的清净分散性。

5 低温流动性

润滑油的低温性能差,在冬季,由于起动温度较低,因而在运动部件之间不能形成正常的润滑状态,导致磨损增加。

6 抗磨性

由于在汽缸壁与活塞之间的油膜很难维持,二者之间常处于边界润滑和混合润滑状态。在主轴承和连杆轴承上所承受的载荷比较大。要求发动机润滑油具有较好的抗磨性能。因而需要加入抗磨添加剂才能满足发动机润滑油的抗磨要求。

(三)发动机润滑油的分类及注意事项

我国发动机油的分类采用国际通用的 SAE 的黏度分类和 API 的性能分类。

1 黏度分类

我国采用国际通用的 SAE(美国汽车工程师协会)黏度分类法,制定了国家标准《内燃机油黏度分类》(GB/T 14906—1994),将润滑油分为冬季用油(W 级)和非冬季用油,冬季用油按低温黏度,低温泵送性划分,共有 0W、5W、10W、15W、20W 和 25W 六个等级,其级号越小,适应的温度越低。非冬季用油按 100℃时的运动黏度分级,共有 20、30、40、50 和 60 五个等级,其级号越大,黏度越大,适应的温度越高,如表 6-11 所示。

我国发动机润滑油的黏度分类　　　　表 6-11

黏度等级号	低温黏度(mPa·s) 不大于	边界泵送温度(℃) 不高于	运动黏度(100℃)(mm²/s) 不小于
0W	3250(−30℃)	−35	3.8
5W	3500(−25℃)	−30	3.8
10W	3500(−20℃)	−25	4.1
15W	3500(−15℃)	−20	5.6
20W	4500(−10℃)	−15	5.6
25W	6000(−5℃)	−10	9.3
20	—	—	5.6~9.3
30	—	—	9.3~12.5
40	—	—	12.5~16.3
50	—	—	16.3~21.9
60	—	—	21.9~26.1

单级油:20、30、40、50。

多级油:5W/20、5W/30、10W/30、10W/40、15W/40、15W/50。

在黏度分级中,字母 W 表示冬用,无 W 者表示夏用或非严寒地区使用。通常称这类润滑油为单级油。由上述两个不同黏度级号组成的油称多级油或冬夏通用油。多级油黏度指数高,黏温性能好,可以全年通用,节约燃料,润滑油耗量少。

2 质量等级分类(又称 API 分类)

参照国际通用的 API(美国石油学会的英文缩写)机油质量等级,指出机油能承受的行驶条件范围。对于汽油发动机而言,适用机油是 SA 至 SL 等级,但只有 SE 或更高的等级是用于汽车的。SL 等级是机油的最高等级。对于柴油机,机油划分为从 CA 至 CACF-4 的等级,CF-4 为最高质量等级。我国润滑油的品种和使用说明见表 6-12。

其宗旨是按发动机润滑油强化程度和工作条件的苛刻程度来划分发动机润滑油的等级,以保证润滑油的使用性能。

近年来,还开发了一类既可用于汽油机又可用于柴油机的通用发动机油(如 SD/CC、SE/CC、SF/CD)等,通用品种见表 6-13。柴油机油的品种见表 6-14。

单元六 汽车运行材料

我国润滑油的品种和使用说明　　表6-12

汽油机			柴油机		
API	使用说明	质量	API	使用说明	质量
SL SJ SH SG	适用于在各种条件下工作的发动机	高 ↑ ↓ 低	CF-4	提供比CF分类更好的特性和质量	高 ↑ ↓ 低
SF	适用于在连续高速、高温并且反复停机—开机条件下工作的发动机		CF	提供比CE分类更好的洗洁剂弥散和抗热性能	
SE	适用于比SD分类更严酷条件下的发动机		CE	适用于在低速、高载荷条件和高速高载荷条件下工作的发动机	
SD	性能优于SC,可以替代SC		CD	适用于高速、高功率输出条件下工作的发动机	
SC	可控制汽油机高低温沉积物及磨损、锈蚀和腐蚀		CC	适用于比CB分类更严酷条件下工作的发动机	
SB SA	废除		CB CA	废除	

我国汽油机油以及汽油机/柴油机通用油的品种　　表6-13

质 量 等 级	黏 度 等 级
SC	5W/20、10W/30、15W/40、30、40
SD(SD/CC)	5W/30、10W/30、15W/40、20/20W、30、40
SE(SE/CC)	5W/30、10W/30、15W/40、20/20W、30、40
SF(SF/CD)	5W/30、10W/30、15W/40、30、40

我国柴油机油的品种　　表6-14

质 量 等 级	黏 度 等 级
SC	5W/20、10W/30、15W/40、30、40
SD(SD/CC)	5W/30、10W/30、15W/40、20/20W、30、40
SE(SE/CC)	5W/30、10W/30、15W/40、20/20W、30、40
SF(SF/CD)	5W/30、10W/30、15W/40、30、40

3 发动机润滑油的使用注意事项

（1）按车辆使用说明书,正确选择润滑油的使用等级。

（2）一般使用等级较高的润滑油可代替使用等级较低的润滑油,但绝不能用使用等级低的润滑油代替使用等级高的润滑油,否则会导致发动机早期磨损。

（3）应注意用油的地区或季节的变化,及时换用适宜黏度等级的润滑油。使用中应尽量选用多级油。

（4）应结合使用条件按质换油。换油时应在较高温度下进行,要将废油放干净,同时必须注意严防水分、杂质混入。

(5)要按机油标尺加量。油量不足会引起零件磨损,加速机油变质;油量过多会窜入燃烧室内,形成大量的积炭。加注发动机机油方法及油量检查如图6-17、图6-18所示。

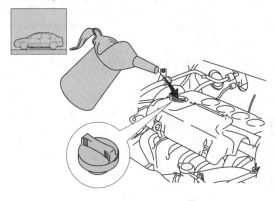

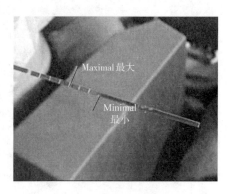

图6-17　加注发动机机油　　　　　　　　　　图6-18　检查机油加注量

(6)加有降凝、抗氧、抗磨、清净分散剂等多种添加剂的稠化机油,使用时油色很快会变深,属正常现象,不必换油。

(7)加强对空气滤清器、燃油滤清器和机油滤清器的清洁工作以及曲轴箱的通风,以减轻对机油的污染,防止机油早期变质。

二　车辆齿轮油

车辆齿轮油是用于汽车齿轮传动系统润滑油的统称。车辆齿轮油用于汽车机械式变速器、驱动桥及转向器的齿轮、轴承及轴等零件的润滑,如图6-19所示。由于齿轮结构和润滑的特点,其润滑条件十分苛刻,所以对齿轮油的质量要求较高。

(一)齿轮油的性能指标

1　良好的极压性

即在摩擦面接触压力非常高、油膜容易破裂的润滑条件下,能够防止烧结、熔焊等摩擦面损伤。极压性的改善必须依靠极压添加剂,它是一

图6-19　齿轮油润滑

种分子中含有氯、硫、磷等元素的化合物,这些化合物在摩擦表面的温度达到足够高时,便与齿轮金属表面发生化学反应,生成氯化铁、硫化铁、磷酸铁薄膜,此固态膜的临界剪切强度低于基本金属,摩擦副滑动时的剪切运动就在固态膜中进行,从而防止金属表面出现胶合或擦伤。

2　适当的黏度

车辆齿轮在正常运转条件下,齿面经常处于弹性流体动力润滑状态,此时,齿轮油的黏度对承载能力有重要影响。油的黏度高,弹性流体动力润滑油膜厚度厚,齿轮油的承载能力高,有利于齿面保护,但是黏度不是越高越好。因为,齿轮工作时搅动齿轮油,液体内摩擦产生摩擦热,会使油温升高。油温升高,齿轮整体温度和齿面温度随之升高,油膜容易被破坏。所以齿轮油的黏度不可太大。因此要求齿轮油的黏度要适当,具体说应满足如下要求,在最低工作温度下的最大黏度须能保证汽车不经预热可以顺利起步;在一般运行工况下齿轮油内摩擦消耗不应使所传递的功率明显下降;在最高工作温度时的黏度须保证齿轮的可靠润滑。

❸ 良好的黏温性能

即随着工作温度的变化,黏度变化要尽可能小,以保证在低温时具有足够的流动性,在齿轮转动时有足够量的油带到齿面及轴承,防止出现损伤。在高温时黏度不致降低太多,要能形成足够厚的润滑油膜。

车辆齿轮油除以上性能要求外,还应具有良好的热氧化安定性、抗泡性,对金属腐蚀性要小,储存安全性要好等。

(二)齿轮油的分类

❶ 黏度分类

目前我国汽车行业用齿轮油的黏度分类按《汽车齿轮润滑剂黏度分类》(GB/T 17477—2012)标准分类,见表6-15。该标准采用含有尾缀字母 W 和不含尾缀字母 W 两种黏度等级系列。黏度等级代号由一组数字和字母 W(70W、75W、80W、85W)或一组数字(90、140、250)组成,共 7 个等级。含有尾缀字母 W 是冬用齿轮油,是根据齿轮油黏度达到150Pa.s 的最高温度和1000C 时的最小运动黏度划分的。不带尾缀 W 的是夏用齿轮油,以 1000C 的运动黏度范围划分的。黏度等级见表6-15。

车辆齿轮油的黏度等级　　　　　　　　　　表6-15

SAE 黏度等级	动力黏度达 15000mPa·s 时最高温度(m^2/s)	100 ℃运动黏度(m^2/s)	
		最小值	最大值
70W	−55	4.1×10^{-6}	—
75W	−40	4.1×10^{-6}	—
80W	−26	7.0×10^{-6}	—
85W	−12	11.0×10^{-6}	—
90	—	13.5×10^{-6}	24.0×10^{-6}
140	—	24.0×10^{-6}	41.0×10^{-6}
250	—	41.0×10^{-6}	—

❷ 质量分类

我国汽车齿轮油的质量分类是参照美国 API 标准制订的,与 API 分类对应关系见表6-16。

我国车辆齿轮油的分类与 API 性能分类对应关系　　　　表6-16

我国车辆齿轮油	对应的 API 分类
普通车辆齿轮油	GL—3
中负荷车辆齿轮油	GL—4
重负荷车辆齿轮油	GL—5

(三) 齿轮油的选用及注意事项

车辆齿轮油的选用,一方面要根据齿轮类型和工作条件来确定齿轮油的质量档次,另一方面要根据最低使用环境温度和传动装置的运行最高温度来确定黏度等级。

1 质量档次的选择

(1) 普通车辆齿轮油适用于中等速度和负荷比较苛刻的手动变速器和螺旋伞齿轮的驱动桥。

(2) 中负荷车辆齿轮油适用于低速高转矩、高速低转矩下操作的各种齿轮,特别是客车和其他各种车辆的准双曲面齿轮。

(3) 重负荷车辆齿轮油适用于高速冲击负荷、高速低转矩和低速高转矩下操作的各种齿轮,特别是客车和其他各种车辆的双曲线齿轮减速器。

2 黏度级别的选择

车辆齿轮油黏度级别的选择主要依据是最低使用温度,同时考虑运行时最高工作温度,见表6-17。

车辆齿轮油黏度级别选用　　　　　　　　　　　　　　表6-17

SAE 黏度级	使用温度范围
75W	-40℃以上严寒区冬季
80W/90	-26℃以上严寒区冬夏通用
85W/90、85W/140	-12℃以上严寒区冬夏通用
90	长江以南冬季气温不低于-10℃的地区全年使用

由上表可知,我国长江以南冬季气温不低于-10℃的地区,可以全年使用90号油,东北及西北寒区可以全年使用80W/90号油,其余地区可以全年使用85W/90号油,85W/140号用于云南、海南重负荷汽车和功率高、负荷重的牵引车或工程车上。

3 换油指标

普通车辆齿轮油换油指标可查阅《普通车辆齿轮油指标》(SH/T 0475—1992)标准,当使用中的油品有一项达到换油指标时应换新油。该标准也推荐相应的换油里程为45000km。

4 注意事项

(1) 齿轮油的加油量不可过多过少。过多时会增加齿轮的搅拌阻力,增加燃料消耗;过少则会造成润滑不良、温度升高,加速齿轮磨损。

(2) 普通车辆齿轮油绝不能与重负荷车辆齿轮油混存混用,也不能代替内燃机油或其他油使用,以免发生事故。

(3) 齿轮油在使用中质量变化较慢,耗量较小,但也应及时补充,不能忽视。

(4) 更换齿轮油,最好在停车后趁热放出旧油,并将齿轮和箱内清洗干净,然后加入新油。

(5) 要按规定调整好齿轮间隙,注意齿轮箱的密封,防止齿轮油渗漏和水分、杂质等侵入。

（6）在冬季不要因为齿轮油黏度变大影响汽车起动而烘烤齿轮箱，也不要往齿轮油中兑柴油、煤油、机油等。因为这些做法都会使齿轮油变质，使用性能降低，造成齿轮损坏。

三 液力传动油

液力传动油又称汽车自动变速器油（图6-20），简称ATF（Automatic Transmission Fluid）。

配备液力自动变速器的乘用车和工况变化比较大的大型客车、重型货车和铲车、挖掘机等工程机械上广泛采用液力耦合器或液力变矩器。液力耦合器和液力变矩器都是依据流体动力学原理实现动力传递的，统称为液力传动装置，其工作介质是液力传动油。

（一）液力传动油的工作特点与性能要求

1 液力传动油的工作特点

液力传动油主要用作液力变矩器（图6-21）和液力耦合器的工作介质。液力自动变速器结构的复杂性要求液力传动油具有多方面的性能。液力传动油在泵内的循环流动如图6-22所示。

图6-20 自动变速器油

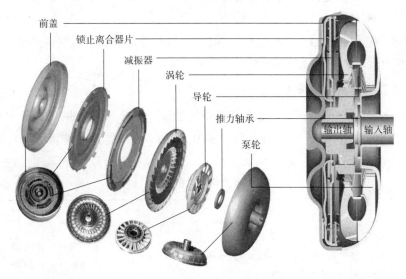

图6-21 液力变矩器

2 液力传动油的作用

（1）通过电控、液控系统传递压力和运动，完成对各换挡元件的操纵；
（2）将变速器中的热量带出传递给冷却介质；
（3）对行星齿轮机械和摩擦副强制润滑；
（4）清洁运动零件并起密封作用。

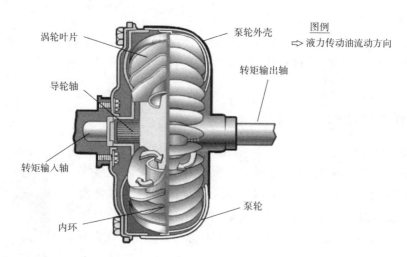

图 6-22 液力传动油的循环流动(循环圆)

❸ 对液力传动油的性能要求

(1) 摩擦特性好,要有相匹配的动、静摩擦系数;

(2) 良好的热氧化安定性;

(3) 良好的低温性能,便于起动;

(4) 良好的抗磨性能,以保持压力泵寿命;

(5) 良好的密封材料适应性,防止漏液;

(6) 耐久性好,包括良好的摩擦性能、保持性、氧化稳定性和对青铜腐蚀性。

(二) 液力传动油的分类与规格

❶ 国外液力传动油的分类

在 ISO6743/A 分类标准中,把液力传动系统工作介质分为 HA 油(适用于自动传动装置)和 HN 油(适用于功率转换器)两类。ASTM 和 API 的分类方案是将液力传动油分为 PTF-1、PTF-2 和 PTF-3 三类,见表 6-18。

国外液力传动油的分类　　　　　表 6-18

类 别	相应的规格	应 用 范 畴
PTF-1	通用汽车公司 GM Dexron 系列; 福特汽车公司 Ford M2C33-F、New Mercon 系列; 克莱斯勒 Chrysler MS-4228	乘用车、轻型载货汽车的液力自动变速器
PTF-2	通用汽车公司 TRUCK、COACH 系列; 阿里森 Allison C-2、C-3、C-4 系列; 卡特彼勒公司 Caterpillar TO-3、TO-4 系列、SAE J1285-80	履带车、农业用车、越野车的液力自动变速器
PTF-3	约翰·迪尔公司 John-deer J-20A、J-120B、J-14B、JDT-303 系列; 福特汽车公司 Ford M2C41A; 玛赛-福格森 MASSEY FERGUSON M-1135	农业与建筑、工程机械的液力自动变速器

2 我国液力传动油的分类

到目前为止,我国液力传动油的详细分类尚无国家标准,现有产品按中国石油化工总公司企业标准分为 6 号普通液力传动油和 8 号液力传动油两种;另有一种拖拉机传动、液压两用油,液力传动油如图 6-23 ~ 图 6-25 所示。

图 6-23　6 号液力传动油　　图 6-24　8 号液力传动油　　图 6-25　拖拉机传动、液压两用油

(1) 6 号普通液力传动油。主要用于内燃机车、重载荷卡车、履带车、越野车等大型车辆的液力变矩器和液力耦合器,还可用于工程机械的液力传动系统。6 号普通液力传动油的技术指标接近 API 的 PTF-2 级液力传动油的技术指标。

(2) 8 号液力传动油。外观为红色透明液体,适用于各种装备自动变速器的汽车。8 号液力传动油的技术指标接近 API 的 PTF-1 级液力传动油的技术指标。

(3) 拖拉机传动、液压两用油。按 40℃ 运动黏度中心值划分有 68、100 和 100D 三个牌号。拖拉机传动、液压两用油适用于各种国产及进口拖拉机、推土机、铲车、挖掘机等工程机械作为液压系统的工作介质和齿轮传动机构的润滑油。适用于农用拖拉机的传动、液压两用油在牌号前边加农字的汉语拼音字头 N。

(三) 液力传动油液的检查

1 油面高度的检查

检查时一般都要求:ATF 处于热态(油温为 80℃ 左右),汽车停放在水平路面上并拉紧驻车制动器,发动机怠速运转。

此时抽出 ATF 油尺,用干净的抹布擦净后重新插入,再拔出检查,ATF 油面高度应达到油尺上规定的热态(HOT)上限刻度和下限刻度之间,如图 6-26 所示。

2 油质的检查

正常的 ATF 清澈纯净,呈红色,且无异味。如果使用不当,容易出现油液变质。因此,必须加强对油液品质的检查。ATF 的污浊度可以直接由油品颜色的变化上观察出来,其颜色变化规律一般为:鲜红→浅褐→深褐→暗红→黑。油液品质越差则颜色越深,越暗如图 6-27、图 6-28 所示。

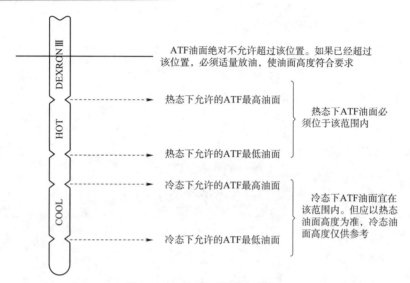

图 6-26　ATF 油尺及油面高度检查

图 6-27　废油的颜色(浑浊不清、颜色发白)

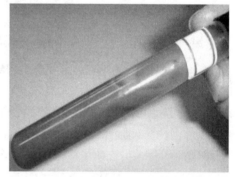

图 6-28　混入水分的 ATF(ATF 呈现深褐色,发黑)

❸ 油温的检查

油温是影响自动变速器和 ATF 使用寿命的一个重要因素。油温过高会产生油膏、沉淀物和积炭,堵塞油道,阻滞控制滑阀,降低润滑、冷却效果,破坏密封件等,最终导致故障发生。

四　润滑脂

图 6-29　汽车轴承润滑脂

润滑脂的颜色一般为浅黄至暗褐色,多呈纤维结构,具有一定光泽,为不透明或半透明的一种半固体(或半流动)状的可塑性润滑材料,见图 6-29。润滑脂具有在常温下为膏状,高温和运动状态下膏质软化以至成为流体,当运动停止后,它又逐渐恢复到膏状的特点。

(一)润滑脂的特点及组成

❶ 润滑脂的特点

润滑脂是塑性的膏状物质,具有很高的黏附力,较强的润滑性,在摩擦面上不易流失,其作用主要是润滑、密封和保护,但不能取代润滑油,由于它的黏滞性强,设备启动负荷增大,流动性差,散热冷却不好,供脂、换脂不方便,限制了润滑脂在高温(250℃以上)、高转速(超过2 000r/min)条件下使用。

2 润滑脂的组成

润滑脂的上述性能特点是由其组成所决定的。它由基础油、稠化剂、添加剂三部分组成,如图6-30所示。

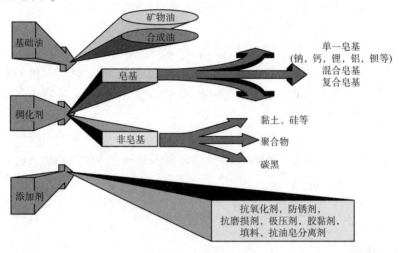

图6-30 润滑脂的基本成分

(1)基础油。它对脂的使用性能影响很大,如基础油的种类、凝点高低、黏度大小、黏度指数等,直接关系到润滑脂的流动性、润滑性、黏温性和胶体安定性等。所以基础油的性能必须满足润滑脂的使用性能要求。

(2)稠化剂。它是润滑脂的骨架,能把基础油吸附在骨架内使其失去流动能力而成为膏状物质。稠化剂的性质和含量决定了润滑脂的黏稠(软硬)程度以及耐水和耐热等使用性能。稠化剂有皂基和非皂基两大类,目前常用的一些润滑脂大多是由皂基稠化基础油制成。

(3)添加剂。为了改善和强化润滑脂的某些使用性能,以适应润滑脂在一些特殊环境下工作,在润滑脂中需加入一种或几种一定数量的添加剂。

(二)润滑脂的使用性能指标

(1)稠度。在规定的剪力或剪速下,测定润滑脂结构体系变形程度以表达体系的结构性。它是一个与润滑脂在所润滑部位上的保持能力和密封性能,以及与润滑脂的泵送和加注方式有关的重要性能指标。某些润滑点之所以要使用润滑脂,就是因为其有一定的稠度,从而使其具有一定的抵抗流失的能力。不同稠度的润滑脂所适用的机械转速、载荷和环境温度等工作条件不同。

(2)高温性能。温度对于润滑脂的流动性具有很大影响,温度升高,润滑脂变软,使得润滑脂附着性能降低而易于流失。另外,在较高温度条件下还易使润滑脂的蒸发损失增大,氧化变质与凝缩分油现象严重。润滑脂失效的主要原因,大多是由于凝胶的萎缩和基础油的蒸发损失所致,即润滑脂失效过程的快慢与其使用温度有关。高温性能好的润滑脂可以在较高的使用温度下保持其附着性能,其变质失效过程也较缓慢。

(3)低温性能。由于润滑油的黏度随温度的升高而减小,所以同一种润滑油,由于温度不同,黏度也不同,这种特性称之为黏温特性。润滑脂的黏温特性则要比润滑油复杂,因为润滑脂结构体系的黏温特性还要随剪力的变化而改变。

(4)极压性与抗磨性。涂在相互接触的金属表面间的润滑脂所形成的脂膜,能承受来自轴向与径向的载荷,脂膜具有的承受载荷的特性就称作润滑脂的极压性。一般而言,在基础油中添加了皂基稠化剂后,润滑脂的极压性就增强了。在苛刻条件下使用的润滑脂,常添加有极压剂,以增强其极压性。

(5)抗水性。润滑脂的抗水性表示润滑脂在大气湿度条件下的吸水性能,要求润滑脂在储存和使用中不具有吸收水分的能力。润滑脂吸收水分后,会使稠化剂溶解而致滴点降低,引起腐蚀,从而降低保护作用。有些润滑脂,如复合钙基脂,吸收大气中的水分还会导致变硬,逐步丧失润滑能力。

(6)防腐性。润滑脂阻止与其相接触金属被腐蚀的能力。润滑脂的稠化剂和基础油本身是不会腐蚀金属的。使润滑脂产生腐蚀性的原因是氧化产生酸性物质所致。

(三)润滑脂的常用品种

市场上经营的主要是汽车用润滑脂,常用的有钙基脂、钠基脂、钙钠基脂、锂基脂和石墨脂等。

1 钙基润滑脂

俗称黄油,是由动植物油与石灰制成的钙皂稠化中等黏度的矿物油制成。按锥入度分为1号、2号、3号、4号四个牌号,号数越大,脂越硬,滴点越高。

(1)性能要求。耐水性好,遇水不易乳化变质,能在潮湿环境或与水接触的情况下使用;胶体安定性较好,储存中分油量少。但其抗热性能差,使用寿命短。

(2)用途。主要用于汽车的轮毂轴承、水泵轴承、变速器前轴承,以及分电器凸轮等部分。通常使用2号和3号,使用温度范围为 -10~60℃。

(3)注意事项。耐热性差,它是以水为稳定剂,应注意不要超过规定的使用温度,以免失水破坏结构,引起油皂分离,失去润滑作用;更换润滑脂时,要将轴承洗净擦干;应在室内存放,密封储存防止雨淋及杂质混入,但也不要长久堆放,避免下层润滑脂负重引起分油。

2 钠基润滑脂

钠基脂是以钠皂稠化矿物油而制成。按锥入度分有2号、3号两个牌号。

(1)性能要求。具有良好的耐热性、吸潮性,但抗水性能差,可作为通用减摩润滑脂。

(2)用途。适用于工作温度较高(120℃以下)的摩擦部位,如汽车离合器轴承、传动轴中间支承轴承等,不适宜与水相接触的润滑部位。

(3)注意事项。亲水性强,不宜在潮湿或与水接触的润滑部位上使用。其他注意事项同钙基润滑脂。

3 钙钠基润滑脂

此脂是以动植物油钙钠混合皂稠化中等黏度的矿物油而制成,又叫轴承润滑脂。按锥入度分为 1 号、2 号两个牌号。

(1) 性能要求。有较好的抗水性和耐温性,抗水性优于钠基脂,耐温性优于钙基脂。可以适应湿度不大、温度较高的工作条件。但该产品不适于低温情况下工作。

(2) 用途。适用于铁路机车和列车的球轴承,汽车上多用于轮毂轴承等部位。

(3) 注意事项。钙钠基脂不能与其他润滑脂混用。其他注意事项同钙基润滑脂。

④ 石墨钙基润滑脂

该脂由动植物油钙皂稠化中等黏度矿物油并加入 10% 鳞片状石墨制成。

(1) 性能要求。具有较好的抗磨极压性,能适应重负荷、粗糙摩擦面的润滑,并有较好的抗水性,能适应与水或潮气接触设备的润滑。

(2) 用途。适用于工作温度在 60℃ 以下的汽车钢板弹簧、吊车、重型汽车齿轮盘及其他粗糙、重负荷的摩擦部位。

(3) 注意事项。不适用于滚动轴承较精密的机件上润滑。该脂缺少时,可用 2 号钙基脂调入 10% 石墨来代替,在配制时加热温度不应超过 60℃,以免钙基脂失去水分破坏结构,影响润滑效果。其他注意事项同钙基脂。

⑤ 通用锂基润滑脂

通用锂基脂是由脂肪酸锂皂稠化精制矿物油并添加抗氧剂等制成。按锥入度分有 1 号、2 号、3 号三个牌号。

(1) 性能要求。具有良好的抗水性、机械安定性、防锈性和氧化安定性及高低温性能。

(2) 用途。属于长寿命、多用途的润滑脂,可取代钙基、钠基及钙钠基脂,是这些润滑脂的换代产品。广泛应用于 -20~120℃ 温度范围内各种高速和与水接触的机械部件上。除严寒地区外,可全年在各种汽车的用脂部位使用。

(3) 注意事项。通用锂基脂不宜使用大容器盛装,以免引起析油。如有少量析油,可在常温下搅拌或研磨均匀后,仍可使用。不要与其他脂类混合使用。其他注意事项同钙基润滑脂。

⑥ 汽车通用锂基润滑脂

该润滑脂是以脂肪酸锂皂稠化精制矿物油并添加抗氧剂等制成的润滑脂。

(1) 性能要求。具有良好的机械安定性、防锈性、氧化安定性和抗水性,并具有优良的高低温性能。

(2) 用途。适用于汽车轮毂轴承、底盘、水泵和发电机等摩擦部位的润滑,使用温度为 -30~120℃。

(3) 注意事项。严禁与其他润滑脂混用,并要密封保管,防止水及杂质混入。

(四) 润滑脂使用注意事项

(1) 轮毂轴承是主要用润滑脂部位,宜全年使用 2 号润滑脂(南方),或冬用 1 号夏用 2 号润滑脂(北方)。

(2) 轮毂轴承润滑脂使用到严重断油、分层或软化流失前必须更换。

(3) 按使用说明书规定及时向各润滑点注润滑脂。

(4) 石墨钙基润滑脂因其中有鳞片状石墨(固体),不能用于高速轴承上,否则会导致轴承损坏。而汽车钢板弹簧等载荷大、滑动速度低的部位,则必须使用石墨钙基润滑脂,石墨作为固体润滑剂不易从摩擦面挤出,可起到持久的润滑作用。

(5) 各种稠化剂制成的润滑脂不能混用,否则可能破坏其胶体结构而失去原有的性能。

课题三 汽车工作液

一 汽车制动液

(一) 汽车制动液的作用及使用要求

1. 汽车制动液的作用

汽车制动液又称刹车油,是汽车液压制动系统(图 6-31)中传递制动压力的液态介质,使用在采用液压制动系统的车辆中。制动液的作用是传递动力,以实现制动,保护制动系统中的金属,保护橡胶密封件及皮碗。它是汽车液压制动系统中传递能量的一种功能液,在汽车化学品中被称作"安全油料",其质量优劣直接影响驾乘人员和行人的安全。

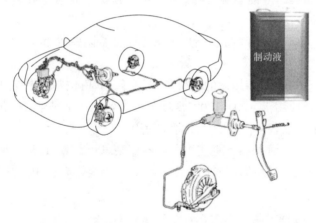

图 6-31 汽车制动系统

2. 汽车制动液的使用要求

(1) 汽车在正常工作温度范围内,制动灵敏可靠,这是制动液最根本的要求。

(2) 不产生气阻,具有足够的黏度、黏温特性和良好的润滑性能。

(3) 具有较好的抗氧化安定性和热安定性,不腐蚀金属,对制动系统的皮碗皮管相容性好。

(二) 汽车制动液的使用性能与指标要求

1. 高温抗气阻性

为了保证行车安全,要求制动液具有良好的高温抗气阻性,即具有高沸点、低挥发性,高温时不易产生气阻。评价指标是平衡回流沸点和蒸发性。

(1)平衡回流沸点。是指在没有吸收水分的情况下,制动液在冷凝回流系统内及大气平衡条件下测得的制动液试样的沸腾温度。

(2)蒸发性。制动液的蒸发性是表征制动液在一定温度条件下蒸发损失大小的指标,是制动液的一项重要高温性能指标。

❷ 运动黏度和润滑性

汽车制动液在其使用温度范围内应具有良好的流动性和润滑性。汽车制动液运动黏度和润滑性的评价指标是 -40℃ 条件下的最大运动黏度和 100℃ 条件下的最小运动黏度。

❸ 金属腐蚀性

金属腐蚀性是指金属零部件在其周围环境的作用下引起的破坏或变质的程度。

一般为金属与周围介质之间发生化学或电化学等多相反应使金属变为氧化(离子)状态而被腐蚀。对汽车制动系统而言,常见的金属腐蚀主要为因化学和电化学腐蚀引起的局部腐蚀现象。

❹ 与橡胶的匹配性

对于制动液的橡胶适应能力,虽然各种制动液产品规格、标准的控制指标可能存在不同之处,但总的要求是一致的,即均要求汽车制动液不能对汽车制动系统中所采用的橡胶零部件产生不良影响,要保证制动系统正常工作、制动灵活、可靠。目前制动系统橡胶皮碗主要采用三元乙丙橡胶(EPDM)、丁苯橡胶(SBR)和天然橡胶(NR)等制成。

此外,制动液还应具有良好的氧化安定性、溶水性、稳定性等。

(三)制动液的种类

目前,我国按其组成和特性不同,通常分为醇型、合成型、矿油型三类。

❶ 醇型汽车制动液

为浅绿色或浅黄色,具有良好的润滑性和与天然橡胶的适应性,价格低廉。

❷ 合成型制动液

用醚、醇、酯等掺入润滑剂中,再加入抗氧化、防锈、抗橡胶溶胀等添加剂制成,如图 6-32 所示。

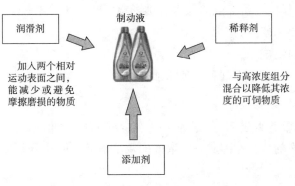

图 6-32 合成型制动液

3 矿油型制动液

用精制的轻柴油馏分加入稠化剂和其他添加剂制成。

目前应用的主要产品为合成制动液和矿物油型制动液两种。合成制动液的代号由符号(HZY)和标记(阿拉伯数字)两部分组成。其中H、Z、Y分别为合成、制动和液体的汉语拼音的第一个字母。阿拉伯数字作为序号,无其他含义。

(四)汽车制动液的牌号及使用

1 汽车制动液的牌号

2004年1月,我国实施与国际通用标准接轨的国家强制产品标准《机动车辆制动液》(GB 12981—2003),原来的JG标准不再采用。按照现行标准《机动车辆制动液》(GB 12981—2012),将制动液分为HZY3、HZY4、HZY5。分别对应国际上的DOT3、DOT4、DOT5。根据实践表明,制动液级别越高,安全保障性越好。一般情况下,微型、中低档汽车适宜选取符合HZY3标准的制动液,而中高档车则适宜选择HZY4标准的制动液。当然,微型、中低档汽车选择HZY4也没有任何问题,而且更好。HZY5标准的制动液主要用于军工和赛车运动方面,一般在民用方面采用的较少,适用于沙漠等苛刻条件。

2 汽车制动液的使用事项

(1)当制动液中混有矿物油时,应全部更换制动液。

(2)不同类型或不同牌号的制动液不得混合使用。

(3)当制动液中混入或吸收水分,或者是发现制动液有杂质或沉淀物时,切不可一并注入,此时应予以更换或进行认真过滤,否则会造成制动压力不足,从而影响制动效果。

(4)制动液对车身涂层有一定的破坏作用,会产生"咬漆"现象,因此在使用过程中要防止制动液与车身涂层接触。

(5)装有制动液面报警装置的车辆,应随时观察制动系统报警灯是否点亮,报警传感器性能是否良好。

二 发动机冷却液

冷却液,是发动机冷却系统(图6-33)的冷却介质。除了具有防冻功能外,还有冷却、防垢、防腐、防沸等作用。防冻液的优劣直接影响发动机的使用寿命。冷却液不仅仅是冬天使用,而是在全年均使用。

(一)冷却液的组成

发动机冷却液由水、防冻剂和各种添加剂组成。

1 水

水是冷却液的重要组成部分,因为水具有良好的流动性能、导热性能和较大的比热容,而且乙二醇防冻剂只有在配成一定浓度的水溶液后才能充分发挥其冷冻作用。

2 防冻剂

由于水的冰点较高,车辆在严寒低温天气下使用时容易结冰(图6-34),所以在发动机冷却液中都加入一定量的防冻剂。目前冷却液中通常使用的防冻剂主要有两种类型：乙二醇和丙二醇。

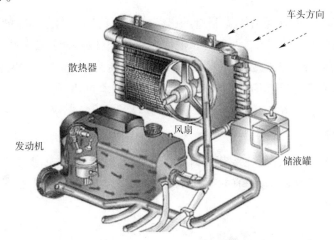

图 6-33　发动机冷却系统

❸ 添加剂

冷却液中所使用的添加剂有缓蚀剂、缓冲剂、防垢剂、消泡剂和着色剂等。

（1）缓蚀剂。缓蚀剂是冷却液中最主要的添加剂，其主要作用是减缓或防止冷却系统中金属零部件因腐蚀而穿孔，以免造成冷却液渗漏和流失。

图 6-34　汽车防冻功能

（2）缓冲剂。冷却系统中的金属零部件在弱碱条件下容易得到保护，因此为了使冷却液在使用过程中维持一定的 pH 值，防止其酸化，冷却液中通常都加入缓冲剂，使冷却液具有一定的缓冲能力。

（3）防垢剂。为了防止冷却系统内水垢的产生，有的冷却液中还含有一定量的防垢剂。通常使用的防垢剂有配合型和分散型两种。

（4）消泡剂。为了降低冷却液泡沫产生的危害，冷却液中一般都含有一定量的消泡剂。消泡剂通常使用硅油、甲基丙烯酸酯等，以使所产生的泡沫及时破灭。

（5）着色剂。冷却液在使用过程中，一般都要求加入一定的着色剂，使它具有醒目的颜色，以便与其他液体相区别。这样，在冷却系统发生泄漏时，通过观察冷却系统外部管路，就能够很容易判断出其泄漏的位置。目前，广泛使用的冷却液以绿色和蓝色居多，也有红褐色的。

冷却液着色剂一般有染色剂和 pH 值指示剂两种。染色剂是通过染料或颜料的作用使冷却液具有一定的颜色。而 pH 值指示剂除了具有显色作用外，同时它的颜色还会随着冷却液 pH 值的变化而变化，这样用户可以根据其颜色来大致确定冷却液是否需要更换。

(二)冷却液的作用

1 防腐蚀功能

发动机及其冷却系统是由金属制造的,含有铸铁、铸铝、钢、紫铜、黄铜及焊锡等六种金属。如小轿车的缸体为铸铝,大型货车的缸体是铸铁,散热器主要是由紫铜、黄铜、铸铝制成的。金属在高温下与水接触,时间长了都会遭到腐蚀,会生锈。冷却液不仅不会对发动机冷却系统造成腐蚀,还具有防腐和除锈功能,能极大的保护发动机冷却系统,延长使用寿命。腐蚀情况如图 6-35 所示。

2 防垢功能

水中的钙、镁离子很容易在冷却系统中的形成无机盐水垢,如图 6-36 所示。当这些水垢形成于缸体衬里及缸盖水道时,会影响传热效率,出现局部高温区,恶化润滑条件,加速发动机系统的磨损。

图 6-35 腐蚀

图 6-36 水垢

防冻液中除了乙二醇、蒸馏水以外,还要加入阻垢添加剂等原料,它能有效防止和去除部分水垢,提高冷却系统效率。

3 防穴蚀功能

穴蚀是腐蚀的一种,它的腐蚀原理是由无数个气泡打击金属所致,穴蚀对发动机冷却系统破坏性极大。穴蚀主要有两处位置,一处是在缸套的外部,即缸套与防冻液的接触面上,另一处是循环水泵泵体上。穴蚀的现象大家可经常看到,有的驾驶员在使用了劣质防冻液以后,发现缸套上象被海浪拍打过一样凸凹不平,水箱也有渗漏,这是穴蚀。穴蚀严重时会将缸套穿透,造成防冻液渗入燃烧室,这种情况大功率发动机尤为突出。拆开水泵发现泵体上有很多麻点,这也是穴蚀现象。穴蚀是冷却系统的大敌,添加优质缓蚀剂的冷却液,具有优良的防穴蚀能力,以延长发动机的寿命。

4 防沸功能

优质的冷却液还应具备防沸性能,这就要求冷却液有高的沸点。在 20 世纪 50 ~ 60 年代,驾驶员在行车中最讨厌的一件事就是散热器"开锅",那时的冷却液原料主要是酒精,沸点只有 80℃。所以经常出现散热器开锅致使车辆无法运行。现在的冷却液中,乙二醇水溶液的沸点一般要大于 106℃,所以冷却液可以避免散热器"开锅"。冷却液不仅冬季防冻,夏季还可以防沸,它的沸点可以达到106至110℃,即无论春夏秋冬都可使用。

⑤ 防泡沫功能

优质的冷却液还应有消泡剂,目的是减轻泡沫的生成。由于几乎所有冷却液在高温下都会产生泡沫,有可能是冷却液缓蚀剂自身的抗泡性太差,或是发动机冷却系统的某些部件磨损,或其他原因使大量空气窜入散热器内部等产生泡沫,所以需要在冷却液中加入消泡剂以防止泡沫在冷却系统内产生。

(三)冷却液的分类

① 按防冻剂类型分类

(1)乙二醇型冷却液。

(2)丙二醇型冷却液。

② 按照适用对象分类

(1)轻负荷发动机冷却液(适用于乘用车及轻型卡车发动机)。

(2)重负荷发动机冷却液(适用于载重汽车及其他长周期运转的采用湿式缸套的发动机)。

(四)乙二醇型冷却液

乙二醇-水冷却液冰点低、沸点高、高闪点、不起泡、很好的流动性和化学稳定性,可在腐蚀抑制剂存在下能长期防腐防垢,其性能远优于水,故使用非常广泛。

其缺点是有毒性,对金属有腐蚀作用,并对橡胶零件有轻度侵蚀作用。

① 乙二醇型冷却液的选用

乙二醇型冷却液的牌号是按冰点划分的,应根据车辆使用地区冬季的最低气温来选择适当的牌号,选用的冷却液冰点应比最低温度低5~10℃,以确保在特殊情况下冷却液不冻结。冰点除受外界环境温度影响之外,在一定浓度条件下,与冷却液中所加添加剂的类型和用量有很大关系。所以不同厂家生产的冷却液,虽然乙二醇浓度一样,但冰点可能不同。

② 乙二醇型冷却液标准

《乙二醇型和丙二醇型发动机冷却液》(NB/SH/T 0521-2010)将乙二醇型发动机冷却液分为冷却液和浓缩液两大类,冷却液按其冰点分为-25号、-30号、-35号、-40号、-45号和-50号六个牌号。

(五)汽车发动机冷却液的使用注意事项

(1)加注冷却液之前应对发动机冷却系统进行清洗。最简单的方法是打开散热器放水阀,用自来水从加水口冲洗。

(2)稀释浓缩液时要使用蒸馏水或去离子水。

(3)注意检查冷却液液面高度。适宜的冷却液液面应在储液罐的最高线 max 和最低线 min 之间,应视具体情况正确补充。

(4)不同厂家、不同牌号的发动机冷却液不能混用。

(5)冷却液在使用一段时间(一般为 2 年)后应及时更换。

(6)在使用乙二醇冷却液时,应注意乙二醇有毒,切勿用口吸。乙二醇冷却液沾染到皮肤上时,应及时用清水冲洗干净。

三 汽车其他工作液

(一)车用空调制冷剂

1 车用空调制冷剂的性能要求

汽车空调制冷系统由压缩机、冷凝器、储液干燥器、膨胀阀、蒸发器和鼓风机等组成,见图 6-37。

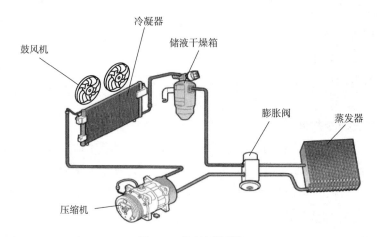

图 6-37 汽车空调系统

各部件之间采用铜管(或铝管)和高压橡胶管连接成一个密闭系统。制冷系统工作时,制冷剂以不同的状态在这个密闭系统内上述过程周而复始的进行下去,便可达到降低蒸发器周围空气温度的目的。

2 车用空调制冷剂的性能要求

(1)对制冷剂热力性质的要求,见表 6-19。

对制冷剂热力性质的要求　　　　表 6-19

序　号	热力性质要求
1	制冷剂的临界温度高,这样有利于使用一般的冷却水和空气进行冷凝,同时可以使节流损失小,制冷系数高
2	单位容积制冷量大
3	蒸发压力和冷凝压力适中。制冷剂冷凝压力不要太高,而蒸发压力不要太低,尤其不应低于大气压力
4	绝热指数小,这样有利于降低压缩机排温,提高压缩机的效率

（2）对制冷剂物理化学性质的要求，见表6-20。

对制冷剂物理化学性质要求　　　　表6-20

序　号	物理化学性质要求
1	黏度、密度小，以减少制冷剂在制冷系统中的流动阻力损失
2	热导率高，以提高热交换设备的传热系数，减少换热面积，节省材料消耗
3	使用安全。车用空调制冷剂应无毒、不燃烧、不爆炸
4	具有较好的化学稳定性和热稳定性。车用空调制冷剂与润滑油无亲和作用，对金属材料不腐蚀，在高温下不分解，可与冷冻机油以任意比例相溶
5	易于改变吸热与散热的状态，有很强的重复改变状态能力

❸ 汽车空调制冷剂的性能特征

汽车空调制冷剂（亦称制冷工质、雪种、冷媒）最早广泛使用的是R12，即二氟二氯甲烷，后来出现了R12的替代产品R134a，即1,1,1,2-四氟乙烷。

（1）R12。

R12是一种中温制冷剂，无色，具有轻微芳香味，毒性小，只在400℃时才会分解出有毒的光气。R12不燃烧、不爆炸，是一种安全的制冷剂，只有在容积浓度达80%时才会使人窒息。

另外，R12还具有制冷能力强、压力适中、化学性质稳定、与冷冻机油相容性好和安全性好等特点。

R12的臭氧破坏能力作用系数 $ODP=1$，温室效应能力系数 $GWP=3.05$。

我国于1992年制定了《中国逐步淘汰消耗臭氧层物质的国家方案》，该方案规定：各汽车厂从1996年起在汽车空调中逐步用新制冷剂R134a替代R12，在2000年生产的新车上不准再用R12。

（2）R134a。

R134a具有与R12相近的热力性质，所以制冷系统的改型比较容易。R134a具有较好的制冷性能，与金属和非金属相容，化学和热稳定性好，具有良好的安全性能（不易燃、不爆炸、无毒、无刺激性和无腐蚀性）。

同时，R134a中不含氯原子，对大气层中臭氧破坏力（ODP）低，同时温室效应（GWP）也较低。

（二）冷冻机油

空调压缩机使用的润滑油一般称为冷冻机油。在选择冷冻机油时，必须注意空调压缩机内部冷冻机油所处的状态，如排气温度、排气压力、吸气温度等。空调压缩机对冷冻机油的性能要求如下：

（1）不同的制冷剂要求使用不同黏度的润滑油。

（2）与制冷剂、有机材料和金属等在高温和低温下接触也不应起反应，其热力学性能及化学性能十分稳定。

(3)在制冷循环的最低温度部位也不应有结晶状的石蜡分离、析出或凝固,从而保持较低的流动温度。

(4)含水量极少。

(5)在压缩机排气门附近高温部位不应产生积炭、氧化,应具有较高的热稳定性。

R12 与 R134a 制冷系统的冷冻机油不能混用。

R12 制冷系统用的冷冻机油属矿物油,矿物油能与 R12 互溶。R12 制冷系统一般用国产的 18 号、25 号冷冻机油或日本产的 SUNISO3GS、SUNISO4GS、SUNISO5GS 冷冻机油。

采用 R134a 为制冷工质后,原系统使用的矿物油与新的 R134a 制冷工质不相容,所以需要同时更换冷冻机油。

(三)减振器油

为加速车架与车身振动的衰减,以改善汽车的行驶平顺性(舒适性),减振器在大多数汽车的悬架系统内部装有减振器。减振器油亦称防振液,为专用液压油,主要用于汽车的减振器。减振器油是汽车减振器的工作介质,它在汽车减振器内用于吸收汽车振动能量,在与汽车悬架弹簧共同作用下,使汽车振动迅速减弱,以提高汽车行驶平顺性。目前,减振器油的品种不多,选用时应选具有优良性能的减振器油和选用符合质量要求的减振器油。如缺乏减振器油,可用 25 号变压器油和 22 号汽轮机油各 50% 混合使用。这两种油都是经过深度精制的油品,具有良好的抗氧化性。

(1)汽车燃料主要指汽油机(点燃式发动机)用燃料和柴油机(压燃式发动机)用燃料,是当前汽车运行的主要动力来源。主要包括汽油、柴油及其他汽车新燃料,其中最成功的汽车新燃料是液化石油气和压缩天然气。

(2)汽油、柴油的使用性能直接影响汽油机和柴油机的工作性能。

(3)汽车润滑材料的基本作用是机器润滑与减少摩擦。

(4)汽车上使用的各种润滑材料的组成、牌号、性能要求、产品技术标准,润滑油正确与合理使用对汽车性能的良好发挥有着密不可分的重要作用。

(5)除汽车燃、润液体材料外的其他汽车使用中所需用的消耗性液体材料,统称为汽车工作液。包括制动液、液压油、减振器油和冷却液等。

通过参阅汽车使用说明书,现场察看汽油,柴油,各种不同润滑材料与工作液在汽车上各部位的应用,对上述材料应用,选材与使用要求有一个明晰的感性认识。将结果填入表 6-21 中。

单元六 汽车运行材料

汽车运行材料认识评价表　　　　　　　　　　　　　表 6-21

序　号	材　料　名　称	具　体　作　用	得分(写出一个用品得 5 分,写出作用得 5 分)
1			
2			
3			
4			
5			
6			
7			
8			
9			
10			
	合计得分		

思考与练习

(一)填空题

1. 汽油的蒸发性是指汽油从＿＿＿＿转化为＿＿＿＿的能力。
2. 汽油蒸发性的好坏通常用＿＿＿＿、＿＿＿＿来衡量。
3. 评定柴油燃烧性能的指标是＿＿＿＿。
4. 液力传动油主要用作＿＿＿＿和＿＿＿＿的工作介质。
5. 目前我国汽车制动液按原料、工艺不同分＿＿＿＿、＿＿＿＿、＿＿＿＿三种。
6. 冷却液大部分由＿＿＿＿为基本原料,加入少量的＿＿＿＿和＿＿＿＿构成。

(二)判断题

1. 使用安定性差的汽油,会造成电喷发动机的喷嘴胶结。　　　　　(　)
2. 电喷发动机汽油牌号的选择要严格按照压缩比进行。　　　　　(　)
3. 柴油中的十六烷值越高越好。　　　　　　　　　　　　　　　(　)
4. 齿轮油工作时,产生的小气泡有利于齿轮油的润滑。　　　　　(　)
5. 液力传动油可以代替齿轮油使用。　　　　　　　　　　　　　(　)

(三)选择题

1. 汽油的选用原则是以发动机工作时不发生(　　)为前提。
　　A. 飞车　　　　B. 表面燃烧　　　　C. 爆震　　　　D. 共振
2. 柴油的低温流动性用(　　)来评定。
　　A. 黏度　　　　B. 凝点　　　　　　C. 闪点　　　　D. 水分

177

3. 汽车制动液最好的类型是( )。
   A. 醇型　　　　　B. 矿油型　　　　　C. 合成型
4. 下面哪项不是冷却液的作用( )。
   A. 防垢功能　　　B. 防泡沫功能　　　C. 防氧化

(四)简答题

1. 汽油机对燃料的使用要求？
2. 简述发动机油的使用性能？

附录　思考与练习参考答案

单元一　金属材料的性能

(一)填空题

1. 力学、物理、化学、加工工艺
2. 塑性
3. 延伸率、断面收缩率
4. 10mm、30s、200
5. 张开型裂纹(Ⅰ型)、滑开型裂纹(Ⅱ型)、和撕开型裂纹(Ⅲ型)
6. 密度、熔点、导热性、热膨胀性、磁性、导电性
7. 熔点
8. 好
9. 导电性
10. 耐腐蚀性
11. 氧化腐蚀作用
12. 耐腐蚀性、抗氧化性

(二)判断题

1. ×　2. ×　3. √　4. ×　5. √　6. √　7. √　8. √　9. ×　10. √　11. ×　12. √

(三)问答题

1. 答:材料的强度、塑性指标可由拉伸试验获得。
2. 答:汽车发动机气门弹簧工作时,是弹性变形。
3. 答:冲击韧性表示金属材料在冲击载荷作用下抵抗破坏的能力。
4. 答:零件的疲劳失效过程可分为疲劳裂纹产生、疲劳裂纹扩展和瞬时断裂三个阶段。一般是在零件应力集中部位或材料本身强度较低的部位,如原有微裂纹、软点、脱碳、夹杂或刀痕等缺陷处形成裂纹核心,在交变应力的反复作用下产生疲劳裂纹,并随着应力循环次数的增加,疲劳裂纹不断扩展,使零件有效承载面积逐渐减小,最后减小到不能承受外加载荷时,零件即发生突然断裂。

5. 答:提高零件的疲劳强度的措施有:改善零件结构形状,尽量避免尖角、缺口和截面突变,避免零件的应力集中;改善零件表面加工质量,尽量减小能成为疲劳裂纹源的表面缺陷和表面损伤(擦伤、刀痕、生锈等);采用各种表面强化处理,如化学热处理、表面淬火、喷丸、滚压等表面强化方法,提高零件表层的疲劳极限。

单元二 钢铁材料

(一)填空题

1. 越低、升高、增大

2. 普通碳素结构钢、优质碳素结构钢

3. 刃具、模具、量具

4. 碳素刃具钢、碳素模具钢、碳素量具钢

5. 屈服强度、抗拉强度

6. 快、细小、提高

7. 水、盐、碱的水溶液、矿物油

8. 单液、双液、分级、等温

9. 低温回火、中温回火、高温回火

10. 渗碳

11. 碳、氮、气体碳氮共渗

12. 调质钢、调质处理、合金结构钢

13. 动载荷、疲劳强度、抗拉强度

14. 轴承钢是用来制造轴承的滚动体和内外圈的专用钢

15. 合金刃具钢、合金模具钢、合金量具钢

16. 合金模具钢

17. 冷作模具、热作模具、冷作模具钢、热作模具钢

18. 量具、硬度、耐磨性、小、稳定

19. 抗氧化性、高温强度

20. 物理性能、化学性能、不锈钢、耐热钢、耐磨钢

21. 大于2.11%

22. 形式、形态、大小、分布

23. 游离态的石墨(G)、渗碳体(Fe_3C)

24. 铸铁的化学成分、结晶过程中的冷却速度

25. 片状

26. 耐热、耐磨、耐蚀、耐低温

(二)判断题

1. × 2. √ 3. × 4. √ 5. × 6. √ 7. √ 8. √ 9. √ 10. √ 11. √

12. × 13. √ 14. × 15. × 16. √ 17. √ 18. × 19. × 20. √ 21. × 22. ×
23. √ 24. × 25. √ 26. √

(三)选择题

1. B、C 2. B 3. D 4. B 5. A 6. A 7. B 8. A、B、C、D、E 9. B 10. B、F、A、C、D 11. C、D、F、G、H 12. B、D、E 13. C 14. A 15. A 16. C 17. C

(四)问答题

1. 答:写出下列钢牌号的含义:

Q215—A·F:屈服极限值为215MPa,质量等级为A的普通碳素结构钢,其脱氧方法为F即沸腾钢。

Q275—D:屈服强度极限为275MPa的D级镇静钢。

20号钢:平均含碳量为0.20%的优质碳素钢。

T8:平均含碳量为0.8%的碳素工具钢。

T12A表示平均含碳量为1.2%的高级优质碳素工具钢。

ZG230—450表示屈服强度为230、抗拉强度为450 MPa的铸钢。

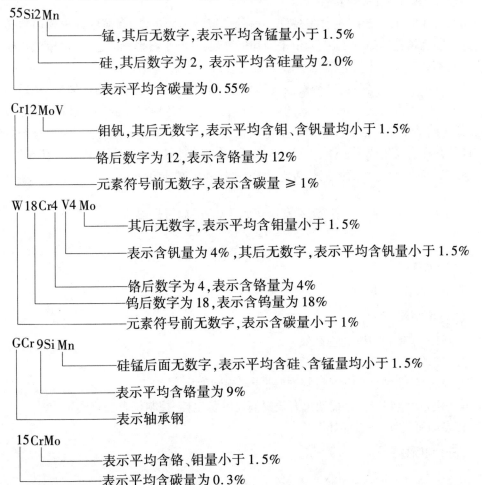

HT100:代表直径30mm单铸试样,其最低抗拉强度值为100(MPa)的灰铸铁。

HT200:代表直径30mm单铸试样,其最低抗拉强度值为200(MPa)的灰铸铁。

QT400—18:表示最低抗拉强度为400MPa和最小延伸率为18%的球墨铸铁。

QT900—2:表示最低抗拉强度为900MPa和最小延伸率为2%的球墨铸铁。

RuT260:表示抗拉强度σ_b为260MPa的蠕墨铸铁。

KTH300—06:表示拉强度为300MPa,最小伸长率为6%的珠光体可锻铸铁。

KTZ700—02:表示拉强度为700MPa,最小伸长率为2%的珠光体可锻铸铁。

2. 答:回火是将淬火后的工件加热到临界温度A_1以下所需的温度,保持一定时间后冷却至室温的热处理工艺。

3. 答:渗氮是在一定温度下,使活性氮原子渗入工件表面的化学热处理工艺。其目的旨在提高零件表面的硬度、耐磨性、耐蚀性及疲劳强度。

4. 答:合金刃具钢应具有:高硬度、高耐磨性和高红硬性。

5. 答:在普通铸铁中加入适量合金元素(如硅、锰、磷、镍、铬、钼、铜、铝、硼、钒、锡等)的铸铁称为合金铸铁。合金元素使铸铁的基体组织发生变化,从而具有相应的耐热、耐磨、耐蚀、耐低温或无磁等特性。

6. 答:在实际生产中,往往发现同一铸件厚壁处为灰铸铁,而薄壁处出现白口铸铁现象,这是因为铸铁结晶时,厚壁处由于冷却速度慢,有利于石墨化的进行,薄壁处由于冷却速度快,不利于石墨化的进行。

7. 答:可锻铸铁是由白口铸铁经石墨化退火得到的,有良好的塑性韧性,经过不同的热处理工艺,可锻铸铁可获得不同的基体组织,可满足各种零件的特殊性能要求,故可锻铸铁适合制造壁厚较薄零件。而球墨铸铁在制造过程中要加入球化剂,而球化剂以镁为主,镁的存在容易生成渗碳体,白口倾向严重,故球墨铸铁不适合制造壁厚较薄零件。

8. 答:通常可分为三种:耐热铸铁、耐磨铸铁和耐腐蚀铸铁等。

单元三 有色金属材料

(一)选择题

1. A   2. C   3. B   4. A

(二)填空题

1. 环保、节能、提速、运输高效

2. 变形铝合金、铸造铝合金两类

3. 导热性、耐蚀性、可焊性、衬套、轴套等耐磨件

4. 用镁合金制造仪表板架可有效提高尺寸稳定性、控制仪表板总成异响

5. 发动机元件、底盘部件上

(三)判断题

1. √   2. ×   3. ×   4. ×   5. √

（四）简答题

1. 答：目前汽车上常用的有色金属有：铝及铝合金、铜及铜合金、镁及镁合金。

2. 答：汽车用铝合金可分为铸造铝合金和变形铝合金。

（1）铸造铝合金铸造铝合金具有优良的铸造性能。可根据使用目的、零件形状、尺寸精度、数量、质量标准、机械性能等各方面的要求和经济效益选择适宜的合金和合适的铸造方法。铸造铝合金主要汽车上典型零部件有：发动机气缸体、离合器壳体、变速器等。

（2）变形铝合金在汽车上应用的典型零部件有：制造车门、车身面板、保险杠、发动机罩、轮毂罩、轮外饰罩、车身构架等结构件以及仪表板等装饰件。

单元四　汽车常见易损非金属材料

（一）填空题

1. 高弹性状态
2. 天然橡胶、合成橡胶
3. 合成树脂
4. 通用塑料、工程塑料、特种塑料
5. 夹层玻璃、区域钢化玻璃、钢化玻璃
6. 黏土、烧成温度、吸水率、表面观感
7. 基料、固化剂或催化剂、填料、溶剂、助剂

（二）判断题

1. √　2. ×　3. √　4. ×　5. √　6. √　7. √

（三）选择题

1. A　2. B　3. B　4. C　5. D　6. A

（四）简答题

1. 答：汽车轮胎一般分为有内胎轮胎和无内胎轮胎，轮胎从结构设计上可分为：斜交轮胎和子午线轮胎。轮胎的外胎大量使用天然橡胶、丁苯橡胶、顺丁橡胶；而内胎一般使用丁基橡胶。

2. 答：主要有轮胎、密封条、油封、密封圈、皮碗、防尘套、衬垫 等。

3. 答：具有质轻、化学性稳定不会锈蚀、电绝缘性好、导热性低、保温性好、透明性和耐磨性较好；加工性能良好；但耐热性差、易燃烧、耐低温性差、低温下易变脆、容易老化；

4. 答：汽车用玻璃必须满足以下安全因素：良好的视线、足够的强度、意外事故时对乘员起到保护作用。

5. 答：主要有以下几个特性：力学特性、热特性、电特性、化学特性、光学特性。

6. 答：主要在以下四个工序上：焊装工序用胶粘剂、车身涂装工序用胶粘剂、汽车总装工序用胶粘剂、装配件用胶粘剂密封胶。

单元五　汽车涂装材料

(一)填空题

1. 浸涂、刷涂、喷涂

2. 树脂、颜料、溶剂、助剂

3. 前处理、底漆喷涂、原子灰刮涂、中涂底漆喷涂、调色、面漆喷涂、抛光、缺陷处理

4. 环境、人类健康

(二)判断题

1. √　2. ×　3. √　4. √

(三)选择题

1. A　2. B　3. C　4. D

(四)简答题

1. 答:就是指涂装在轿车等各类车辆车身及零部件上的涂料,一般指新车的涂料及辅助材料和车辆修补用涂料。

2. 答:水性漆是以去离子水为主要溶剂、挥发性有机化合物(VOC)含量较低的绿色环保产品。水性漆对环境、人类健康的危害比较小,且不易燃。

单元六　汽车运行材料

(一)填空题

1. 液态、气态

2. 馏程、饱和蒸汽压

3. 十六烷值

4. 液力变矩器、液力耦合器

5. 醇型、合成型、矿油型

6. 水、添加剂、防冻剂

(二)判断题

1. √　2. ×　3. ×　4. ×　5. ×

(三)选择题

1. C　2. B　3. C　4. C

(四)简答题

1. 答:蒸发性能良好;燃烧性能良好,不产生爆震;储存安定性好,生成胶质的倾向小;对发动机没有腐蚀性。

2. 答:发动机油的工作条件十分恶劣,经受的环境温差较大,另外还要遭受水、酸性物质、灰尘微粒和金属杂质的侵扰,因此,须具备以下优良性能:良好的润滑性、良好的黏温性、低温流动性、清净分散性、抗腐蚀性、抗氧化安定性、抗磨性等。

参 考 文 献

[1] 仲涛,张彬. 汽车材料[M]. 北京:人民交通出版社,2011.
[2] 李明惠. 汽车材料[M]. 北京:机械工业出版社,2010.
[3] 程玉光,王怡南. 涂装材料[M]. 北京:高等教育出版社,2006.
[4] 中国汽车维修行业协会. 车身涂装[M]. 北京:人民交通出版社,2008.
[5] 中国汽车维修行业协会. 车身涂装[M]. 2版. 北京:人民交通出版社,2014.
[6] 周燕. 汽车材料[M]. 2版. 北京:人民交通出版社,2014.